handball-uebungen.de
Trainingseinheiten und Übungen für Ihr Training!

Inhalt

1. Auflage (14. Juni 2014)
Verlag: DV Concept (handball-uebungen.de)
Autoren: Jörg Madinger, Elke Lackner
ISBN: 978-3956411526

1. Kurzer Einblick in die Jahresplanung

Ziele des Trainings

Im **Erwachsenenbereich** wird ein Trainer in der Regel am sportlichen Erfolg (Tabellenplatz) gemessen. Somit richtet sich auch das Training sehr stark auf den jeweils nächsten Gegner (Saisonziel) aus. Im Vordergrund steht, die Spiele zu gewinnen und die vorhandenen Potentiale optimal einzusetzen.

Im **Jugendbereich** steht die **individuelle Ausbildung** im Vordergrund. Diese ist das erste Ziel, das auch über den sportlichen Erfolg zu setzen ist. Auch sollen die Spieler noch umfassend, d. h. positionsübergreifend, ausgebildet werden (keine Positionsspezialisierung, keine Angriffs-/Abwehrspezialisierung).

Jahresplanung

In der Jahresplanung sollten folgende Punkte beachtet werden:
- Wie viele Trainingseinheiten habe ich zur Verfügung (hierbei Ferienzeit, Feiertage und den Spielplan mitberücksichtigen)?
- Was möchte ich in diesem Jahr erreichen/verbessern?
- Welche Ziele sollten innerhalb einer Rahmenkonzeption (des Vereins, des Verbands z. B. DHB) erreicht werden? In der Rahmenkonzeption des DHB finden Sie viele Orientierungshilfen für die Themen Abwehrsysteme, individuelle Angriffs-/Abwehrfähigkeiten und dazu, was am Ende welcher Altersstufe erreicht werden sollte.
- Welche Fähigkeiten hat meine Mannschaft (haben meine individuellen Spieler)? Dies sollte immer wieder analysiert und dokumentiert werden, damit ein Soll-/Ist-Vergleich in regelmäßigen Abständen möglich ist.

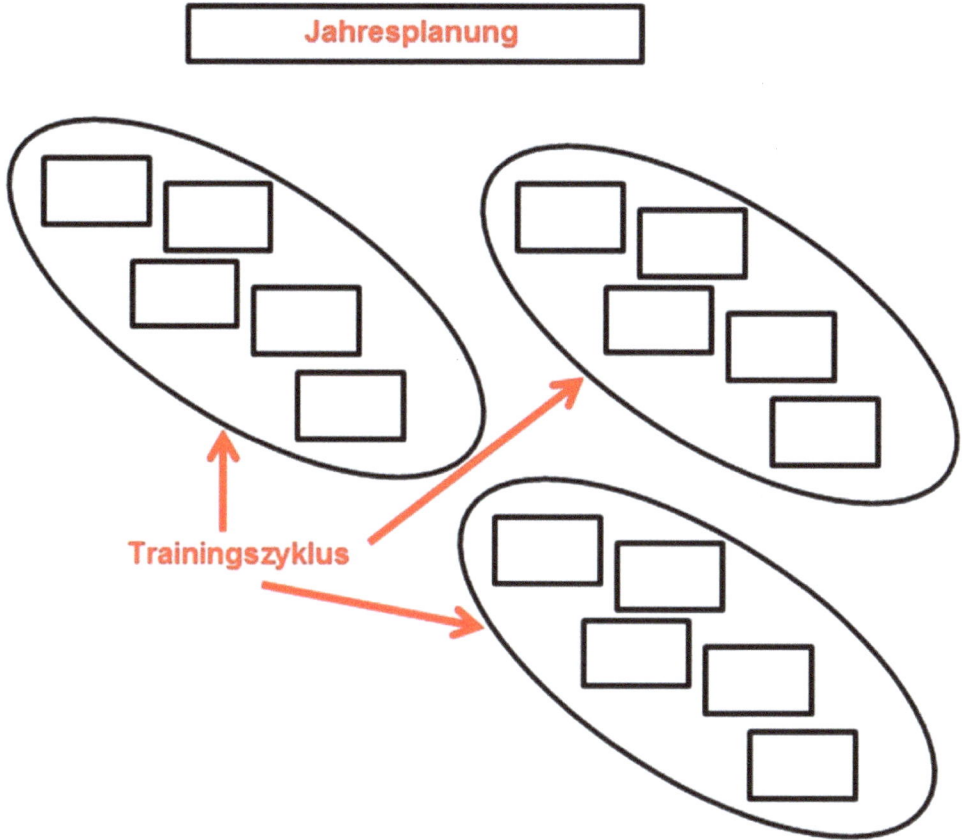

Zerlegung der Jahresplanung in einzelne Zwischenschritte

Grundsätzlich gliedert sich eine Handballsaison in folgende Trainingsphasen:

- Vorbereitungsphase bis zum ersten Spiel: Diese Phase eignet sich besonders zur Verbesserung der konditionellen Fähigkeiten wie der Ausdauer.
- 1. Spielphase bis zu den Weihnachtsferien: Hier sollte die Weihnachtspause mit eingeplant werden.
- 2. Spielphase bis zum Saisonende.

Diese groben Trainingsphasen sollten dann schrittweise verfeinert und einzeln geplant werden:

- Einteilung der Trainingsphasen in einzelne Blöcke mit blockspezifischen Zielen (z. B. Monatsplanung).
- Einteilung in Wochenpläne.
- Planung der einzelnen Trainingseinheiten.

Trainingszyklus

Trainingseinheit:
→ Aufwärmen
→ Grundübung
→ Grundspiel
→ Zielspiel

Trainingseinheit:
→ Aufwärmen
→ Grundübung
→ Grundspiel
→ Zielspiel

Trainingseinheit:
→ Aufwärmen
→ Grundübung
→ Grundspiel
→ Zielspiel

Trainingseinheit:
→ Aufwärmen
→ Grundübung
→ Grundspiel
→ Zielspiel

Trainingseinheit:
→ Aufwärmen
→ Grundübung
→ Grundspiel
→ Zielspiel

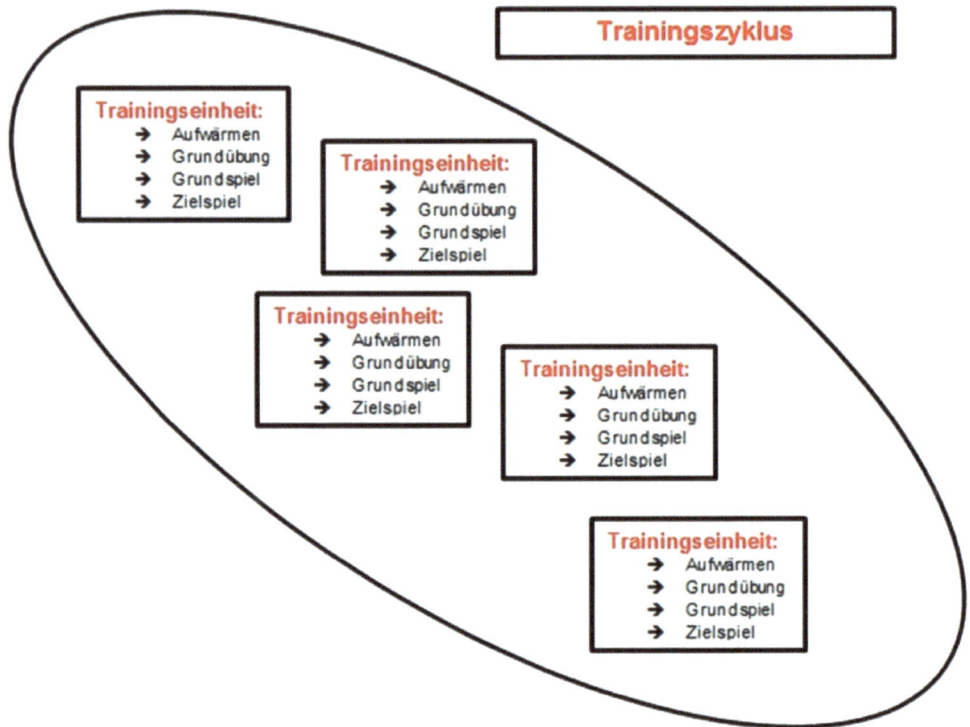

Trainingseinheiten strukturiert aufbauen

Sowohl bei der Jahresplanung als auch bei der Planung der einzelnen Trainingseinheiten sollte eine klare Struktur erkennbar sein:

- Mit Blöcken arbeiten (siehe Monatsplanung): Es sollte (gerade im Jugendbereich) über einen Zeitraum am gleichen Thema gearbeitet werden. So können sich Übungen wiederholen und die Abläufe können sich einprägen.
- Jedes Training sollte einen klaren Trainingsschwerpunkt haben. Die Themen sollten innerhalb einer Trainingseinheit nicht gemischt werden, sondern es sollten alle Übungen einem klaren Ziel folgen.
- Die Korrekturen im Training orientieren sich am Schwerpunkt (bei Abwehrtraining wird die Abwehr korrigiert und gelobt).

Vorwort

Liebe Leserinnen und Leser,

vielen Dank, dass Sie sich für ein Buch der trainingsunterstützenden Reihe von handball-uebungen.de entschieden haben.

Die vorliegenden Trainingseinheiten erarbeiten eine Auftakthandlung gegen eine 6:0-Abwehr mit verschiedenen variablen Weiterspielmöglichkeiten. Die ersten drei Trainingseinheiten vermitteln die individuellen und kleingruppentaktischen Grundlagen für ein Spiel gegen die 6:0-Abwehr, zunächst die dynamische Stoßbewegung mit Durchbruchentscheidung, dann die Grundlagen des Kreuzens und des Zusammenspiels mit dem Kreisläufer. Die folgenden drei Trainingseinheiten führen als Auftakthandlung Kreuzen des Mittelspielers mit dem Außen ein und bieten mit drei Varianten im weiteren Zusammenspiel variable Möglichkeiten, die gegnerische Abwehr auszuspielen.

Folgende Trainingseinheiten sind in diesem Buch enthalten:

Grundlagen der Stoßbewegung (★★)

Das Ziel dieser Trainingseinheit liegt im Erarbeiten der Grundlagen der Stoßbewegung. Nach der Erwärmung und einer Laufkoordinationsübung werden in der anschließenden Ballgewöhnung und einer Stoßübung im Team die Grundlagen des Stoßens Schritt für Schritt erarbeitet. Das Torhüter-Einwerfen ist durch Stoßen- und Gegenstoßen mit anschließendem Wurf geprägt. Eine Kleingruppenübung vertieft die Stoßbewegung, die Teamübung hat als Thema das Stoßen im 5gg5. Ein Sprintwettkampf rundet diese Trainingseinheit ab.

Grundlagen der Kreuzbewegung (★★)

Einfache Kreuzbewegungen sind das Ziel dieser Trainingseinheit. Nach der Erwärmung und einer Übung zur Laufkoordination mit Reaktion auf sich ändernde Anforderungen folgt in der Ballgewöhnung das Erarbeiten der einfachen Kreuzbewegung. Im anschließenden Torhüter-Einwerfen wird die Kreuzbewegung um den Torwurf erweitert. Eine Kreuzbewegung mit anschließendem Wurf aus dem Rückraum wird Schritt für Schritt aufgebaut, bis zwei Kreuzbewegungen aufeinander folgen. Im abschließenden Spiel wird das Erlernte im Spiel 6gg6 angewendet.

Zusammenspiel mit dem Kreisläufer (★★)

Das Zusammenspiel des Rückraums mit dem Kreisläufer ist der Schwerpunkt dieser Trainingseinheit. Nach der Erwärmungsphase mit einem Spiel und einer Übung zur Ballgewöhnung folgt mit dem Torhüter-Einwerfen das Erarbeiten des Zusammenspiels mit dem Kreisläufer. In den zwei folgenden Übungen wird das Zusammenspiel Schritt für Schritt erweitert und trainiert. Ein Sprintwettkampf rundet diese Trainingseinheit ab.

Langes Kreuzen RM und Außen als Auftakthandlung Teil 1 (★★★)

Das Erarbeiten einer einfachen Auftakthandlung durch eine Kreuzbewegung von RM und Außenspieler ist der Schwerpunkt dieser Trainingseinheit. Nach der Erwärmungsphase mit einem kleinen Spiel startet mit der Ballgewöhnung Schritt für Schritt das Erarbeiten der Auftakthandlung. Nach dem Torhüter-Einwerfen folgen zwei Teamübungen, die die Laufbewegungen für die Auftakthandlung mit Weiterspielmöglichkeiten und Variationen aufzeigen. Das Abschlussspiel rundet diese Trainingseinheit ab.

Langes Kreuzen RM und Außen als Auftakthandlung Teil 2 (★★★)

In dieser Trainingseinheit werden die Auftakthandlung aus der vorherigen Trainingseinheit Schritt für Schritt erweitert und weitere Lösungsmöglichkeiten aufgezeigt. Nach der Erwärmungsphase mit einem kleinen Spiel startet mit der Ballgewöhnung das Erarbeiten der Laufbewegungen. Das Torhüter-Einwerfen beinhaltet eine einfache Kreuzbewegung mit anschließendem Wurf auf das Tor. In zwei Teamübungen werden die Spielmöglichkeiten Schritt für Schritt aufgezeigt und im Abschlussspiel angewendet.

Langes Kreuzen RM und Außen als Auftakthandlung Teil 3 (★★★)

In dieser Trainingseinheit werden die Auftakthandlung aus den beiden vorherigen Trainingseinheiten aufgegriffen und weitere Lösungsmöglichkeiten aufgezeigt. Nach der Erwärmung mit einer Übung zur Laufkoordination folgt in der Ballgewöhnung und im Torhüter-Einwerfen das Erarbeiten einer zusätzlichen Kreuzbewegung. In einer Wurfserie wird diese Schritt für Schritt erweitert und jeweils mit Wurf abgeschlossen. In einer Mannschaftsübung wird die neue Kreuzung mit der bekannten Auftaktaktion kombiniert und im 6gg6 angewendet. Ein Sprintwettkampf rundet diese Trainingseinheit ab.

Beispielgrafik:

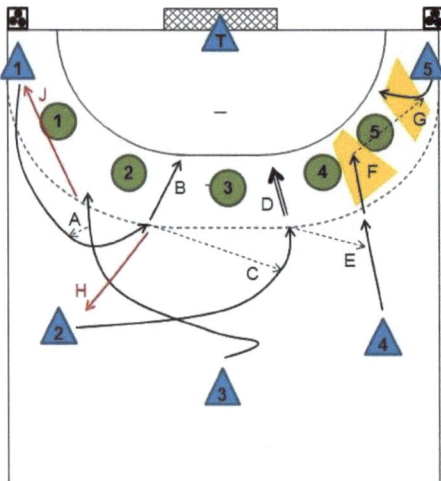

2. Aufbau von Trainingseinheiten

Der Schwerpunkt des Trainings sollte das einzelne Training wie ein roter Faden durchziehen. Dabei in etwa dem folgenden zeitlichen Grundaufbau (Ablauf) folgen:
- ca. 10 (15) Minuten Aufwärmen.
- ca. 20 (30) Minuten Grundübungen (2 bis max. 3 Übungen, plus Torhüter-Einwerfen).
- ca. 20 (30) Minuten Grundspiel.
- ca. 10 (15) Minuten Zielspiel.

1. Zeit bei 60 Minuten Trainingszeit / 2. Zeit in Klammer bei 90 Minuten Trainingszeit.

Inhalte des Aufwärmens
- Trainingseröffnung: Es bietet sich an, das Training mit einem kleinen Ritual (Kreis bilden, sich abklatschen) zu eröffnen und den Spielern kurz die Inhalte und das Ziel der Trainingseinheit vorzustellen.
- Grunderwärmung (leichtes Laufen, Aktivierung des Kreislaufs und des Muskel- und Knochen-Apparats).
- Dehnen/Kräftigen/Mobilisieren (Vorbereitung des Körpers auf die Belastungen des Trainings).
- Kleine Spiele (diese sollten sich bereits am Ziel des Trainings orientieren).

Grundübungen
- Ballgewöhnung (am Ziel des Trainings orientieren).
- Torhüter einwerfen (am Ziel des Trainings orientieren).
- Individuelles Technik- und Taktiktraining.
- Technik- und Taktiktraining in der Kleingruppe.

Grundsätzlich sind bei den Grundübungen die Lauf- und Passwege genau vorgegeben (der Anspruch kann im Laufe der Übung gesteigert und variiert werden).

Hinweise zur Grundübung
- Alle Spieler den Ablauf durchführen lassen (schnelle Wechsel).
- Hohe Anzahl an Wiederholungen.
- Mit Rotation arbeiten oder die Übung auf beiden Seiten gleichzeitig/mit geringer Verzögerung durchführen, damit für die Spieler keine langen Wartezeiten entstehen.
- Individuell arbeiten (1gg1 bis max. 2gg2).
- Eventuell Zusatzaufgaben/Abläufe einbauen (die die Übung komplexer machen).

Grundspiel

Das Grundspiel unterscheidet sich von der Grundübung vor allem dadurch, dass jetzt mehrere **Handlungsoptionen** (Entscheidungen) möglich sind und der/die Spieler die jeweils optimale Option erkennen und wählen sollen. Hier wird vor allem das Entscheidungsverhalten trainiert:

- Das zuvor in den Grundübungen Erlernte mit **Wettkampfcharakter** durchführen.
- Mit Handlungsalternativen arbeiten – Entscheidungsverhalten schulen.
- Alle Spieler sollen den Ablauf häufig durchführen und verschiedene Entscheidungen ausprobieren.
- In Kleingruppen arbeiten (3gg3 bis max. 4gg4).

Zielspiel

- Das zuvor Geübte wird nun im freien Spiel umgesetzt. Um das Geübte im Spiel zu fördern, kann mit Zusatzpunkten oder Zusatzangriffen im Falle der korrekten Umsetzungen gearbeitet werden.
- Im Zielspiel wird das Gelernte im Team umgesetzt (5gg5, 6gg6).

Je nach den Trainingsinhalten können die zu erreichenden Ziele eine geringe Änderung im zeitlichen Ablauf von Grundübungen und Grundspielen bedingen (z. B. beim Ausdauertraining, bei dem sie durch Ausdauereinheiten ersetzt werden).

Themenvorgaben

- Individuelle Ausbildung der Spieler nach Vorgabe der Trainingsrahmenkonzeption (DHB oder vereinseigene Konzeption).
- Taktische Spielsysteme in der Abwehr und im Angriff (altersabhängig):
    - Z. B. von der Manndeckung zum 6:0-Abwehrsystem.
    - U. B. vom 1gegen1 zum 6gegen6 mit Auslösehandlungen im Team.

Trainingsthema wählen:
→ Roter Faden

Aufwärmen:

Dauer:
- ca. 10 (15) Minuten

Inhalte:
- „spielerisches Einlaufen"
- Spiele
- Laufkoordination
- (Dehnen und Kräftigung)

Grundübung:

Dauer:
- ca. 20 (30) Minuten

Charakteristik:
- individuell / in der Kleingruppe

Inhalte:
- klare Übungsvorgabe des Ablaufs
- Variationen mit klarer Vorgabe des Ablaufs
- vom Einfachen zum Komplexen
- keine Wartezeit für die Spieler

Grundspiel:

Dauer:
- ca. 20 (30) Minuten

Charakteristik:
- in der Kleingruppe

Inhalte:
- klare Vorgabe des Ablaufs plus Varianten
- Wettkampf

Zielspiel:

Dauer:
- ca. 10 (15) Minuten

Charakteristik:
- Teamplay (Kleingruppe)

Inhalte:
- Freies Spielen mit den Übungen aus der Grundübung und dem Grundspiel
- Wettkampf

3. Die Rollen/Aufgaben des Trainers

Ein erfolgreiches Training hängt stark von der Person und dem Verhalten des Trainers ab. Es ist deshalb wichtig, im Training bestimmte Verhaltensregeln zu beachten, um den Erfolg des Trainings zu ermöglichen. Das soziale Verhalten des Trainers bestimmt den Erfolg in einem ebenso großen Maße wie die reine Fachkompetenz.

Der Trainer sollte:
- der Mannschaft zu Beginn des Trainings eine kurze Trainingsbeschreibung und die Ziele bekannt geben.
- immer laut und deutlich reden.
- den Ort der Ansprache so wählen, dass alle Spieler die Anweisungen und Korrekturen hören können.
- Fehler erkennen und korrigieren. Beim Korrigieren Hilfestellung geben.
- den Schwerpunkt der Korrekturen auf das Trainingsziel legen.
- individuelle Fortschritte hervorheben und loben (dem Spieler ein positives Gefühl vermitteln).
- fördern und permanent fordern.
- im Training, bei Spielen, aber auch außerhalb der Sporthalle als Vorbild auftreten.
- gut vorbereitet und pünktlich zu Training und Spielen erscheinen.

4. Trainingseinheiten

TE 1	Grundlagen der Stoßbewegung		★★	90

Startblock			Hauptblock			
X	Einlaufen/Dehnen		Angriff / Individuell			Sprungkraft
	Laufübung	X	Angriff / Kleingruppe	X		Sprintwettkampf
	Kleines Spiel	X	Angriff / Team			Torhüter
	Koordination		Angriff / Wurfserie			
X	Laufkoordination		Abwehr / Individuell			**Schlussblock**
	Kräftigung		Abwehr / Kleingruppe			Abschlussspiel
X	Ballgewöhnung		Abwehr / Team			Abschlusssprint
X	Torhüter-Einwerfen		Athletiktraining			
			Ausdauertraining			

★ :Einfache Anforderung (alle Jugend-Aktivenmannschaften)	★ ★ : Mittlere Anforderung (geeignet ab C-Jugend bis Aktive)	★ ★ ★ : Höhere Anforderung (geeignet ab B-Jugend bis Aktive)	★ ★ ★ ★ : Intensive Anforderung (geeignet für Leistungsbereiche)

Legende:

✖ Hütchen

△1 Angreifer

●1 Abwehrspieler

▬ dünne Turnmatte

▦ Ballkiste

▭ kleine Turnkiste

▥ Koordinationsleiter

Benötigt:
➜ 1 Koordinationsleiter, 2 kleine Turnkisten, 8 Hütchen, 4 dünne Turnmatten, Ballkiste mit ausreichend Bällen

Beschreibung:

Das Ziel dieser Trainingseinheit liegt im Erarbeiten der Grundlagen der Stoßbewegung. Nach der Erwärmung und einer Laufkoordinationsübung werden in der anschließenden Ballgewöhnung und einer Stoßübung im Team die Grundlagen des Stoßens Schritt für Schritt erarbeitet. Das Torhüter-Einwerfen ist durch Stoßen- und Gegenstoßen mit anschließendem Wurf geprägt. Eine Kleingruppenübung vertieft die Stoßbewegung, die Teamübung hat als Thema das Stoßen im 5gg5. Ein Sprintwettkampf rundet diese Trainingseinheit ab.

Insgesamt besteht die Trainingseinheit aus folgenden Schwerpunkten
- Einlaufen/Dehnen (Einzelübung: 10 Minuten / Trainingsgesamtzeit: 10 Minuten)
- Laufkoordination (10/20)
- Ballgewöhnung (10/30)
- Angriff/Team (10/40)
- Torhüter einwerfen (10/50)
- Angriff Kleingruppe (15/65)
- Angriff/Team (15/80)
- Sprintwettkampf (10/90)

Gesamtzeit der Trainingseinheit: 90 Min.

TE 1-1	Einlaufen/Dehnen	10	10

Ablauf:

- Alle Spieler laufen kreuz und quer durch die Halle.
- Ein Spieler hat einen Ball und macht eine Übung vor (Hopserlauf, rückwärtslaufen, einbeinig springen, Sit-ups, Liegestützen…).
- Danach passt er den Ball zu einem anderen Spieler, der nun eine Übung vormacht.

Gemeinsames Dehnen, jeder Spieler macht eine Dehnübung vor.

TE 1-2	Laufkoordination	10	20

Grundablauf:

- Jeder Spieler durchläuft den Parcours 3-mal hintereinander mit 60–80 %.
- Danach kurze Pause und noch einmal 3-mal durchlaufen, jetzt aber mit 100%iger Dynamik in den einzelnen Aktionen.

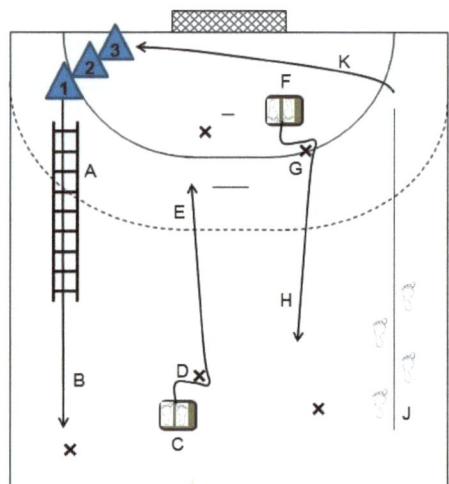

Ablauf:

- 1 startet und durchläuft die Koordinationsleiter mit je zwei Kontakten je Zwischenraum (linker und rechter Fuß) (A).
- Am Ende der Koordinationsleiter zieht 1 einen kurzen Sprint bis zum Hütchen an (B).
- 1 stellt sich mit beiden Füßen auf die kleine Turnkiste (C), springt beidbeinig geradeaus herunter, zieht nach dem beidbeinigen Landen sofort dynamisch nach rechts um das Hütchen (D) und sprintet bis zum nächsten Hütchen (E).
- An der nächsten kleinen Turnkiste wiederholt sich der Ablauf (F, G und H), jetzt aber mit dem dynamischen Laufen nach links nach dem Landen (G).
- 1 hüpft einbeinig (hier mit dem linken Bein) immer abwechselnd von links nach rechts und zurück über eine Linie auf dem Hallenboden (1. Durchgang mit dem linken Bein, 2. mit dem rechten Bein, 3. beidbeinig) (J).
- Am Ende angekommen stellt sich 1 wieder an und wiederholt den Ablauf (K).
- 2 startet etwas verzögert mit dem gleichen Ablauf usw.

TE 1-3	Ballgewöhnung	10	30

Ablauf:

- 1 stößt dynamisch nach vorne und spielt den Ball zum anstoßenden 2 (A), 2 stößt dynamisch nach vorne bis zum Hütchen und spielt den Ball zum anstoßenden 3 (B) usw. (C und D).

- Nach dem dynamischen Nach-vorne-Stoßen lässt sich 1 schräg rückwärts nach rechts zurückfallen und stellt sich hinter 5 wieder an (E) usw.

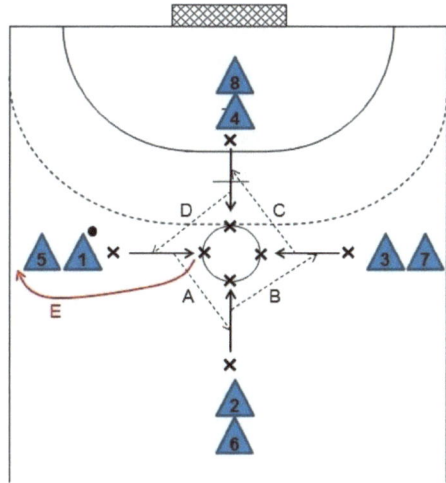

Variationen:

- 1 und 3 haben jeweils einen Ball und starten mit dem Ablauf gleichzeitig.
- Die Spielrichtung des Balles ist linksherum.

⚠ Auf eine dynamische Stoßbewegung achten.

⚠ Normale Pässe spielen, keine Unterarmpässe zulassen. Die Spieler sollen beim Pass den Oberkörper aufdrehen und in eine Wurfauslage beim Pass gehen.

TE 1-4	Angriff / Team	10	40

Ablauf:

- ▲5 läuft von außen mit Ball im Bogen um das Hütchen an (A), stößt Richtung Tor und spielt ▲4 in den Lauf (B).

- ▲4 stößt dynamisch links neben das Hütchen und spielt ▲3 den Ball in den Lauf (C).

- ▲3 stößt dynamisch links neben das Hütchen und spielt ▲2 den Ball in den Lauf (D).

- ▲2 stößt dynamisch links neben das Hütchen und spielt den Ball nach außen zu ▲1 (E).

- ▲1 läuft von außen mit Ball im Bogen um das Hütchen an (F).

- ▲2 zieht sich nach seinem Pass nach außen (E) sofort wieder zurück, stößt erneut dynamisch nach rechts neben das Hütchen und bekommt von ▲1 den Ball in den Lauf gespielt (G).

- Jetzt wiederholt sich der Ablauf mit Stoßen nach rechts vom Hütchen, bis der Ball wieder bei ▲5 ist.

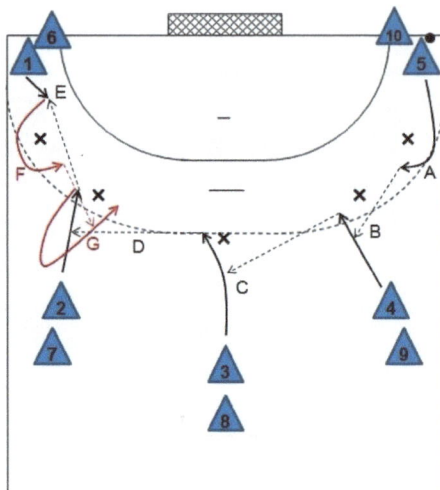

Ablauf für ▲2 und ▲4:

- Sie machen je zwei Aktionen: Stoßen nach außen und Pass zu ▲1 (E) (▲5), ziehen sich dann sofort dynamisch zurück und stoßen noch einmal in die andere Richtung (G).
- Danach ist jeweils der nächste Rückraumspieler an der Reihe.

Ablauf für ▲3:

- ▲3 macht zwei Stoßaktionen (von links kommend und von rechts kommend).
- Danach ist der nächste Mittespieler an der Reihe.

Ablauf für 🔺1 und 🔺5 :

- 🔺1 (🔺5) macht zwei Aktionen, danach ist jeweils der nächste Spieler an der Reihe (E und F).

⚠ die Geschwindigkeit der Stoßbewegung und die Passgeschwindigkeit langsam steigern.

⚠ Auf die richtige Stoßbewegung (nach links/nach rechts vom Hütchen), abhängig von der Stoßrichtung, achten.

TE 1-5	Torhüter-Einwerfen	10	50

Ablauf:

- 🔺1 stößt dynamisch mit Ball zum mittleren Hütchen (A).

- 🔺2 stößt parallel nach rechts neben das Hütchen, bekommt von

  🔺1 den Ball in den Lauf gespielt und wirft nach Vorgabe (hoch, halb, tief) nach rechts auf das Tor (B).

- Sofort nach seinem Pass (A) zieht

  sich 🔺1 seitlich zurück und umläuft das Hütchen (C).

- 🔺4 stößt dynamisch zum mittleren Hütchen (D) und spielt

  🔺1 den Ball in den Lauf, der nach Vorgabe (halb, hoch, tief) nach links auf das Tor wirft (E).

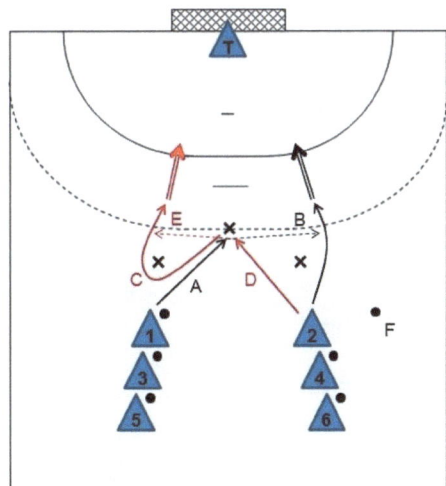

- Usw.

⚠ 🔺2 muss nach seinem Wurf (B) sofort zurück, sich einen neuen Ball holen (F) und den letzten Spieler damit bedienen.

⚠ Die Spieler sollen das Stoßen zum mittleren Hütchen und das Zurückziehen nach dem Pass mit höchster Dynamik absolvieren.

TE 1-6	Angriff / Kleingruppe	15	65

Ablauf:

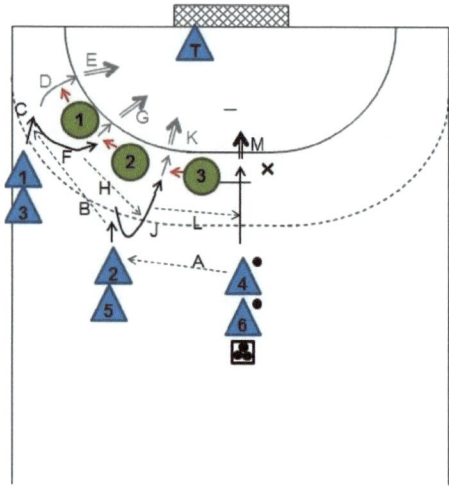

- Der Ball wird im Stoßen von Mitte über Halb auf Außen gepasst (A und B).

- 🔺 stößt nach außen an (C) und entscheidet dann, ob ein Durchbruch (D) mit Wurf von außen (E) möglich ist.

- Reicht der Platz auf Außen nicht, zieht 🔺 dynamisch zwischen 1 und 2 (F) und entscheidet, ob ein Durchbruch mit anschließendem Wurf möglich ist (G).

- Kann 🔺 nicht durchbrechen, erfolgt der Pass (H) auf den anstoßenden 2 (J).

- 2 entscheidet, ob ein Durchbruch mit anschließendem Wurf möglich ist (K).

- Kann 2 nicht selbst werfen, passt er auf den anstoßenden 🔺 (L), der von der Mitte wirft (M).

- Danach startet die nächste Dreiergruppe mit dem gleichen Ablauf.

- Die Spieler stellen sich wieder an und wechseln dabei die Positionen.

⚠ Die Spieler sollen dynamisch anlaufen und entscheiden, ob sie eine Aktion Richtung Tor setzen.

⚠ Das Stoßen soll immer in die Lücken (neben die Abwehrspieler) erfolgen.

TE 1-7	Angriff / Team	15	80

Beschreibung:

- Die zuvor geübten Stoßbewegungen werden hier im 5gegen5 angewendet.

Grundablauf:

- **Phase 1:** Die Angreifer bekommen ein paar Minuten Zeit, das Timing für das Stoßen und eventuell mögliche Durchbrüche zu üben. Danach wechseln Abwehr und Angriff.
- **Phase 2:** Jede Mannschaft bekommt 5 Angriffe. Jedes erzielte Tor ergibt einen Punkt. Welche Mannschaft erzielt mehr Tore?

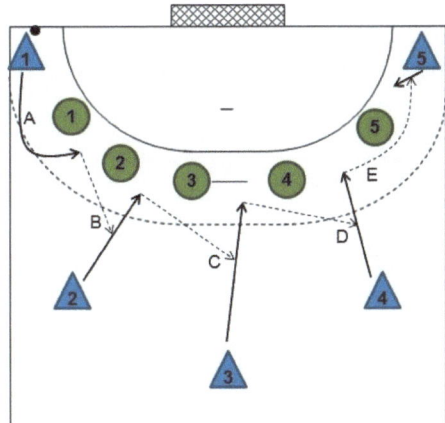

Ablauf:

- ▲1 läuft von außen dynamisch an (A), stößt deutlich zwischen ①1 und ②2 und spielt ▲2 den Ball in den Lauf (B).

- ▲2 stößt deutlich zwischen ②2 und ③3 und spielt ▲3 den Ball in den Lauf (C).

- ▲3 stößt deutlich zwischen ③3 und ④4 und spielt ▲4 den Ball in den Lauf (D).

- ▲4 stößt deutlich zwischen ④4 und ⑤5 und spielt den Ball nach außen zu ▲5 (E).

- Wenn ▲5 genug Platz für eine Wurfaktion hat, soll er sie suchen. Stellt ⑤5 den Weg zum Tor zu (F), läuft ▲5 im Bogen wieder an und die Stoßbewegungen wiederholen sich auf die andere Seite (G, H, J und K).

- Kann ein Spieler während des Stoßens zwischen der Abwehr durchbrechen, sucht er die eigene Wurfchance.

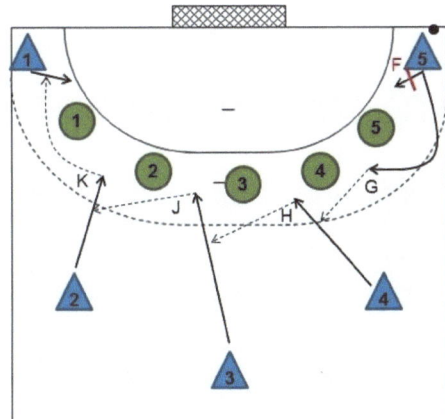

⚠ Jeder Angreifer soll bei seiner
Aktion immer erst den eigenen Durchbruch suchen, bevor er den Ball weiterspielt.

⚠️ 1️⃣ oder 5️⃣ sollen bei einer Lücke nach außen die Chance auf den Abschluss suchen.

⚠️ Alle Angreifer müssen sich nach dem Pass sofort wieder auf die Ausgangsposition zurück ziehen, damit sie bei der nächsten Stoßbewegung wieder von hinten mit Schwung kommen können.

TE 1-8	Sprintwettkampf	10	90

Grundaufbau:
- Zwei (oder mehr) Mannschaften zu je vier Spielern mit je zwei dünnen Turnmatten bilden.
- Die vier Spieler stehen in der Startposition alle auf der ersten Matte (A).
- Der Hallenboden darf während des Wettkampfes dann nicht mehr mit dem Körper berührt werden.
- Ziellinie (z. B. gegenüberliegende Grundlinie) definieren.

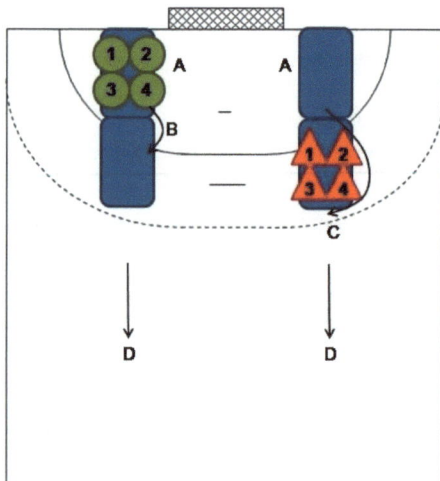

Ablauf:
- Auf Kommando starten beide Mannschaften und laufen auf die zweite Matte (B).
- Die erste Matte muss über den Kopf der Spieler gehoben und vorne wieder an die zweite Matte angelegt werden (C).
- Alle Spieler laufen wieder vor auf die Matte und wiederholen den Ablauf so lange, bis die Ziellinie erreicht ist (D).

Die Verlierermannschaft muss z. B. Liegestützen oder Sit-ups ausführen.

Variation:
- Die Matte darf beliebig auf den Boden gelegt werden. Berührt eine Mannschaft den Boden, muss sie wieder zurück und von vorne anfangen.

Nr.: Abw. 2	Grundlagen der Kreuzbewegung	⭐⭐	90

Startblock		Hauptblock				
X	Einlaufen/Dehnen		Angriff / Individuell		Sprungkraft	
	Laufübung		Angriff / Kleingruppe	X	Sprintwettkampf	
	Kleines Spiel	X	Angriff / Team		Torhüter	
	Koordination	X	Angriff / Wurfserie			
	Laufkoordination		Abwehr / Individuell		**Schlussblock**	
	Kräftigung		Abwehr / Kleingruppe	X	Abschlussspiel	
X	Ballgewöhnung		Abwehr / Team		Abschlusssprint	
X	Torhüter-Einwerfen		Athletiktraining			
			Ausdauertraining			

⭐ : Einfache Anforderung (alle Jugend-Aktivenmannschaften)	⭐⭐ : Mittlere Anforderung (geeignet ab C-Jugend bis Aktive)	⭐⭐⭐ : Höhere Anforderung (geeignet ab B-Jugend bis Aktive)	⭐⭐⭐⭐ : Intensive Anforderung (geeignet für Leistungsbereiche)

Legende:

✖ Hütchen

▣ Ballkiste

🔺1 Angreifer

🟢1 Abwehrspieler

Benötigt:
➜ 2 Ballkisten mit ausreichend Bällen, 10 Hütchen

Beschreibung:

Einfache Kreuzbewegungen sind das Ziel dieser Trainingseinheit. Nach der Erwärmung und einer Übung zur Laufkoordination mit Reaktion auf sich ändernde Anforderungen folgt in der Ballgewöhnung das Erarbeiten der einfachen Kreuzbewegung. Im anschließenden Torhüter-Einwerfen wird die Kreuzbewegung um den Torwurf erweitert. Eine Kreuzbewegung mit anschließendem Wurf aus dem Rückraum wird Schritt für Schritt aufgebaut, bis zwei Kreuzbewegungen aufeinander folgen. Im abschließenden Spiel wird das Erlernte im Spiel 6gg6 angewendet.

Insgesamt besteht die Trainingseinheit aus folgenden Schwerpunkten
- Einlaufen/Dehnen (Einzelübung: 10 Minuten / Trainingsgesamtzeit: 10 Minuten)
- Sprintwettkampf (10/20)
- Ballgewöhnung (10/30)
- Torhüter einwerfen (10/40)
- Angriff/Wurfserie (10/50)
- Angriff/Wurfserie (15/65)
- Angriff/Team (15/80)
- Abschlussspiel (10/90)

Gesamtzeit der Trainingseinheit: 90 Min.

TE 2-1	Einlaufen/Dehnen	10	10

Ablauf:

- Immer vier Spieler laufen kreuz und quer durch die Halle und passen sich dabei einen Ball zu. Die Passreihenfolge zwischen den vier Spielern ist dabei immer gleich.
- Auf Pfiff des Trainers muss die Passreihenfolge komplett geändert werden. Es ändert sich ebenfalls die Passart (Bodenpass, Sprungwurfpass, Pass mit der „falschen" Hand), wobei immer alle vier Spieler die geänderte Passart anwenden müssen (ein Spieler der 4er-Gruppe gibt die neue Passart vor).
- Gemeinsames Dehnen in der Gruppe.

TE 2-2	Laufkoordination	10	20

Ablauf 1 (Bild 1):

- 1 und 2 laufen gleichzeitig in lockerem Tempo los, nachdem der Trainer laut eine Zahl gerufen hat. In diesem Beispiel die Zahl 4.

- 1 und 2 laufen zum 4. Hütchen in ihrer Reihe, berühren es leicht (A), laufen danach beide in die Mitte, klatschen sich mit beiden Händen ab (B) und laufen wieder zurück (C).

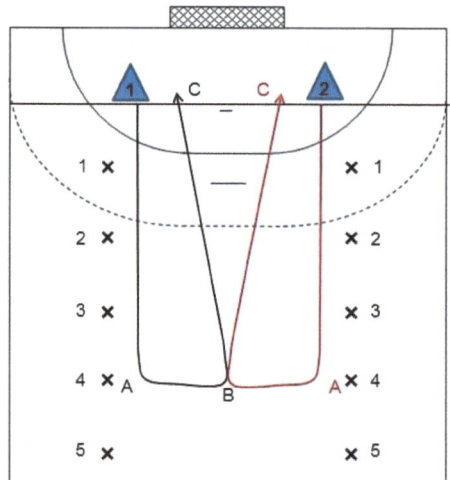

Bild 1

Ablauf 2 (Bild 2):

- Dieses Mal wird der Ablauf als Sprint ausgeführt. Der Spieler, der am Ende wieder zuerst über die Startlinie läuft, hat gewonnen, der Verlierer muss eine Aufgabe machen (z. B. drei Liegestützen).

- 1 und 2 laufen wieder gleichzeitig los, nachdem der Trainer eine Zahl gerufen hat. In diesem Beispiel 24. Die Zehnerzahl wird dabei jeweils in der eigenen Reihe angelaufen (D), die Einerzahl auf der anderen Seite (E) und wieder zurück (F).

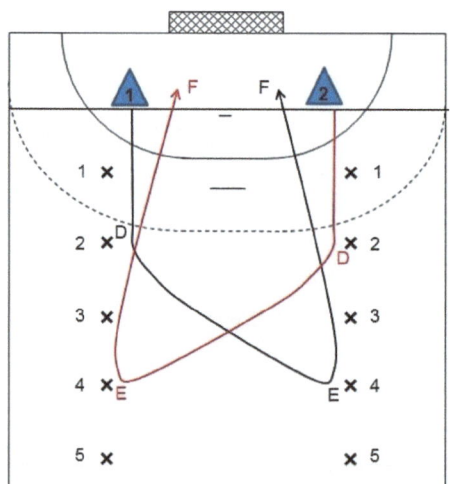

Bild 2

⚠ Die Zahlen müssen laut und deutlich gerufen werden.

⚠ Das Treffen der Spieler bei Ablauf 2 in der Mitte ist gewünscht, sie sollen um den Weg zum nächsten Hütchen kämpfen/sich „einig werden".

TE 2-3	Ballgewöhnung	10	30

Ablauf:

- **2** macht eine deutliche Lauftäuschung nach links, zieht danach dynamisch nach innen und bekommt von **1** den Ball in den Lauf gespielt (A).

- **1** startet direkt nach dem Pass, läuft ein paar Schritte geradeaus (B), zieht dann dynamisch nach links, nimmt die Kreuzbewegung an und bekommt den Ball gespielt (C).

- **4** läuft ein paar Schritte geradeaus und bekommt von **1** den Ball in den Lauf gespielt (D).

- **4** zieht dynamisch nach innen und kreuzt mit **3**, der zuvor ebenfalls erst ein paar Schritte geradeaus gelaufen ist, bevor er in die Kreuzbewegung geht und den Ball bekommt (E).

- Dann beginnt der Ablauf auf der anderen Seite erneut, mit dem Auftaktpass von **3** zu **6** (F).

- Nach Ihren Aktionen stellen sich die Spieler zügig auf der anderen Seite wieder an (G).

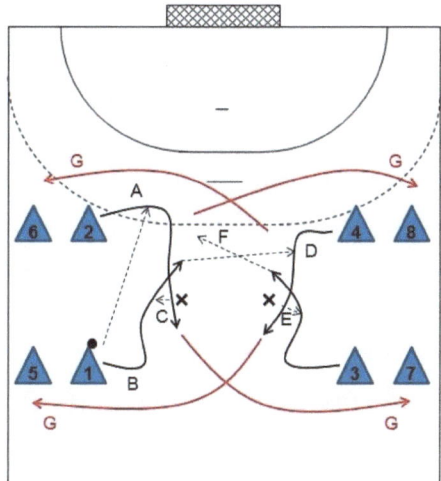

Variationen:

- Die Pässe zur Gegengruppe nach dem Kreuzen (D und F) als Sprungwurfpass spielen.

⚠ Alle Spieler sollen immer zuerst dynamisch geradeaus laufen (Lauftäuschung), bevor sie in die Kreuzbewegungen gehen.

| TE 2-4 | Torhüter-Einwerfen | 10 | 40 |

Ablauf:

- ▲1 spielt den Ball zu ▲T2 (A), läuft links um das Hütchen und bekommt den Ball von ▲T2 wieder zurück gespielt (B).

- Etwas zeitversetzt macht ▲2 eine Lauftäuschung rechts um das Hütchen (C).

- ▲1 zieht mit Ball dynamisch nach innen. ▲2 nimmt die Kreuzbewegung an und bekommt den Ball gespielt (E).

- ▲T1 macht aus der Tormitte heraus eine dynamische Seitwärtsbewegung zum Pfosten (D), berührt diesen kurz und geht sofort wieder in die seitliche Gegenbewegung, um den von ▲2 nach Vorgabe (hoch, halb, tief) nach links geworfenen Ball (F) zu halten (G).

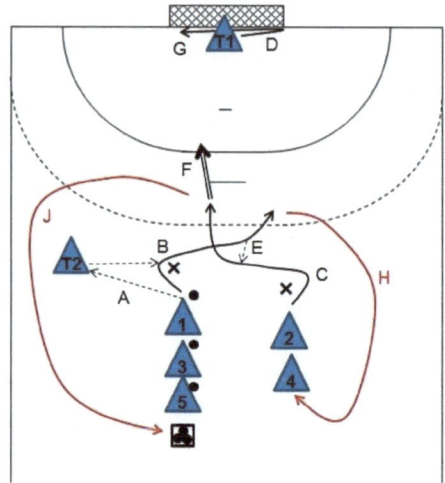

⚠ ▲T1 soll den Ablauf im Tor so starten, dass er den von ▲2 geworfenen Ball aus der seitlichen Bewegung heraus gut halten kann.

- Etwas zeitversetzt starten ▲3 und ▲4 mit dem gleichen Ablauf, sodass für ▲T1 eine Serie entsteht.

- ▲1 stellt sich nach seiner Aktion bei der Werfergruppe an (H), ▲2 holt sich einen Ball und stellt sich ebenfalls wieder an (J).

⚠ Das Umlaufen der Hütchen (B und C) und das anschließende Querlaufen in die Kreuzbewegung (E) muss mit hohem Tempo erfolgen.

TE 2-5	Angriff / Wurfserie	10	50

Ablauf:

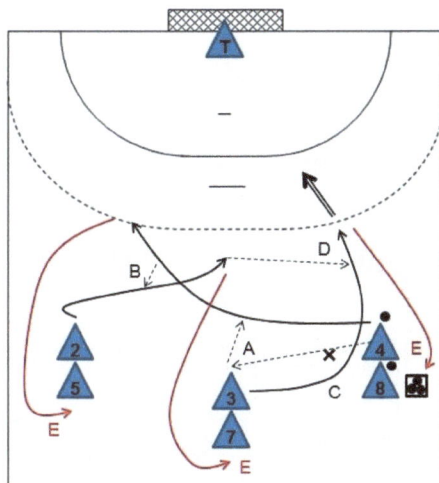

- ▲4 spielt den Ball zu ▲3, läuft dynamisch nach links und bekommt den Ball von ▲3 wieder in den Lauf gespielt (A).

- ▲2 macht eine Lauftäuschung ohne Ball nach links, kreuzt mit ▲4 und bekommt von ihm den Ball gespielt (B).

- ▲3 macht nach seinem Pass zu ▲4 (A) eine Laufbewegung um das Hütchen (C).

- ▲2 zieht jetzt mit Ball dynamisch Richtung Tor und passt ▲3, der im vollen Lauf kommt, den Ball (D).

- ▲3 schließt mit einem Sprungwurf von 9 Metern ab.
- Nach der Aktion stellen sich die Spieler wie abgebildet wieder neu an (E).
- Usw.

Erweiterung:

- Ein Abwehrspieler dient als defensiver Blockspieler gegen ▲3.

⚠ Das Anlaufen von ▲3 muss so abgestimmt sein, dass er auf den Pass (D) nicht warten muss.

TE 2-6	Angriff / Wurfserie	15	65

Ablauf:

- ▲3 spielt ▲2 den Ball (A) in die Laufbewegung nach innen (das Hütchen dient dabei zur Orientierung) (B).

- Nach dem Pass zieht ▲2 mit Ball dynamisch nach außen. ▲1 kommt im Bogen von außen angelaufen (C), nimmt die Kreuzbewegung von ▲2 an und bekommt den Ball in den Lauf gespielt (D).

- ▲1 zieht mit Ball dynamisch Richtung Tor und schließt aus dem Sprungwurf heraus ab (E).

- ●1 steht als defensiver Block in der Abwehr.

- Danach wiederholt sich der Ablauf auf der anderen Seite mit ▲3, ▲4 und ▲5, und ●2 in der Abwehr.

- ▲1 und ▲2 tauschen nach der Aktion die Positionen.

- Usw.

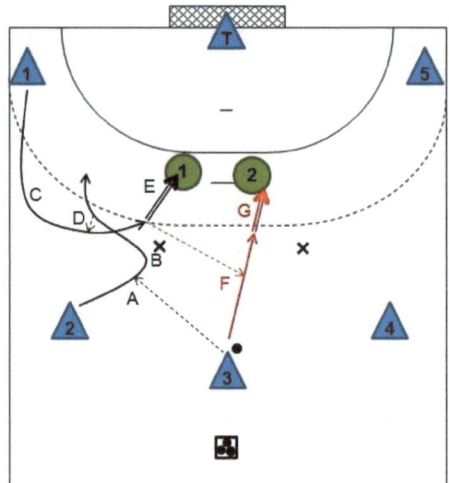

Feste Erweiterung:

- ▲1 spielt nach der Kreuzbewegung den Ball ▲3 in die Vorwärtsbewegung (F).

- ▲3 wirft aus dem Sprungwurf heraus auf das Tor. ●2 steht als defensiver Block in der Abwehr.

Variable Erweiterung:

- ●1 entscheidet mit seiner Aktion den weiteren Ablauf für ▲1:
  - o Bleibt ●1 defensiv, wirft ▲1 aus dem Sprungwurf (E).
  - o Tritt ●1 aktiv nach vorne, erfolgt der Pass (F) zu ▲3 und dieser wirft aus dem Sprungwurf heraus (G).

⚠ ▲1 muss immer deutlich gefährlich Richtung Tor gehen, bevor der Pass zu ▲3 erfolgt (F).

TE 2-7	Angriff / Team		15	80

Ablauf:

- 5 stößt von außen im Bogen dynamisch an (A) und passt 4 den Ball in die Laufbewegung (B).

- Mit Ball biegt 4 Richtung Mitte ab und passt 3 sofort den Ball (C).

- 4 läuft nun in höchstem Tempo nach links Richtung 1 und bekommt von 3 den Ball zurück in den Lauf gespielt (D).

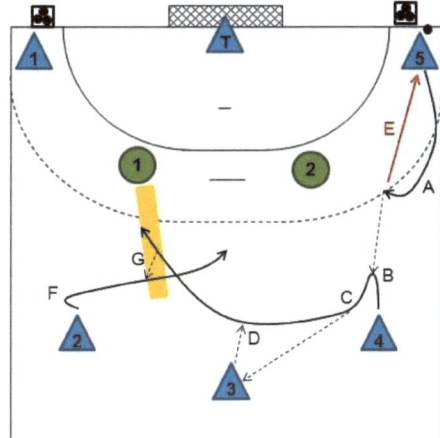

- 5 zieht sich nach seinem Auftaktpass (A) sofort wieder auf die Außenposition zurück (E).

- 2 macht eine deutliche Lauftäuschung ohne Ball nach links (F), nimmt die Kreuzbewegung von 4 an und bekommt von ihm den Ball gespielt (G).

- 3 verzögert nach seinem Pass zu 4 (D) etwas und läuft dann dynamisch im Bogen nach rechts und bekommt von 2 Ball in den Lauf gespielt (H).

- 3 geht mit Ball in höchstem Tempo Richtung 2 und entscheidet:

  o Bleibt 2 defensiv, wirft 3 aus dem Sprungwurf über 2.

  o Tritt 2 der Bewegung von 3 aktiv entgegen (K), geht 3 in die 1gg1 Aktion gegen 2 und zieht 2 nach außen (J) weg.

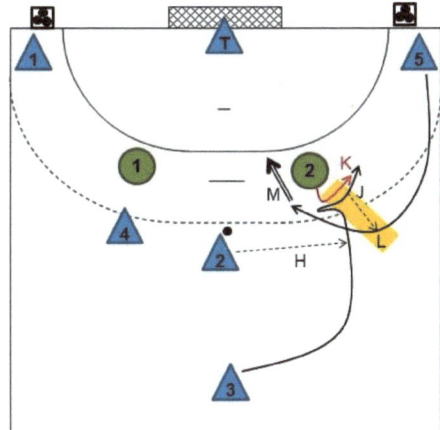

- 5 kommt dynamisch im Bogen von außen angelaufen, nimmt die Kreuzbewegung von 3 an, bekommt den Ball gespielt (L) und wirft aus dem Sprungwurf heraus auf das Tor (M).

- Danach wiederholt sich der Ablauf von der anderen Seite usw.

⚠ Die Laufbewegung direkt vor und nach der Kreuzbewegung (G und L) muss mit höchster Dynamik erfolgen.

⚠ Darauf achten, dass bei der Kreuzbewegung der Ball auf Höhe des Schnittpunktes zwischen dem ankreuzenden Spieler und dem kreuzenden Spieler erfolgt, sodass der Abwehrspieler nicht verfolgen kann, wer gerade den Ball hat (farbig markierter Bereich).

TE 2-8	Abschlussspiel	10	90

Aufbau:
- 2 Mannschaften bilden, die im 6gg6 gegeneinander spielen.
- Offensive 6:0-Abwehr mit deutlichem Heraustreten bis auf 9 Meter.
- Im Voraus eine Aufgabe für die Verlierermannschaft definieren (Liegestützen, Sit-ups, oder ähnliches).

Ablauf:
- Erzielt eine Mannschaft ein Tor aus einer direkt davor erfolgten Kreuzbewegung (max. 3 Pässe später), erhält sie zwei Punkte.

Nr.: Abw. 3	Zusammenspiel mit dem Kreisläufer	★ ★	90

Startblock		Hauptblock				
X	Einlaufen/Dehnen		Angriff / Individuell			Sprungkraft	
	Laufübung	X	Angriff / Kleingruppe	X	Sprintwettkampf	
X	Kleines Spiel	X	Angriff / Team		Torhüter	
	Koordination		Angriff / Wurfserie			
	Laufkoordination		Abwehr / Individuell		**Schlussblock**	
	Kräftigung		Abwehr / Kleingruppe		Abschlussspiel	
X	Ballgewöhnung		Abwehr / Team		Abschlusssprint	
X	Torhüter-Einwerfen		Athletiktraining			
			Ausdauertraining			

★: Einfache Anforderung (alle Jugend-Aktivenmannschaften)	★ ★: Mittlere Anforderung (geeignet ab C-Jugend bis Aktive)	★ ★ ★: Höhere Anforderung (geeignet ab B-Jugend bis Aktive)	★ ★ ★ ★: Intensive Anforderung (geeignet für Leistungsbereiche)

Legende:

✕   Hütchen

▦   Ballkiste

△1   Angreifer

◯1   Abwehrspieler

☐   kleine umgedrehte Turnkiste

▬   großer Turnkasten

Benötigt:

➔ 4 große Turnkästen, 4 kleine Turnkisten, je 3 Spieler 4 Hütchen, ausreichend Bälle

Beschreibung:

Das Zusammenspiel des Rückraums mit dem Kreisläufer ist der Schwerpunkt dieser Trainingseinheit. Nach der Erwärmungsphase mit einem Spiel und einer Übung zur Ballgewöhnung folgt mit dem Torhüter-Einwerfen das Erarbeiten des Zusammenspiels mit dem Kreisläufer. In den zwei folgenden Übungen wird das Zusammenspiel Schritt für Schritt erweitert und trainiert. Ein Sprintwettkampf rundet diese Trainingseinheit ab.

Insgesamt besteht die Trainingseinheit aus folgenden Schwerpunkten
- Einlaufen/Dehnen (Einzelübung: 10 Minuten / Trainingsgesamtzeit: 10 Minuten)
- Kleines Spiel (10/20)
- Ballgewöhnung (10/30)
- Torhüter einwerfen (10/40)
- Angriff/Kleingruppe (20/60)
- Angriff/Team (20/80)
- Sprintwettkampf (10/90)

Gesamtzeit der Trainingseinheit: 90 Minuten

TE 3-1	Einlaufen/Dehnen	10	10

Ablauf:

- Immer drei Spieler gehen mit einem Ball zusammen, laufen kreuz und quer durch die Halle und passen sich dabei den Ball zu.
- Die Spieler sollen die Laufbewegung immer wieder ändern (vorwärts, rückwärts, seitwärts).

Variation:

- Zwei Spieler passen sich den Ball zu und der dritte Spieler soll versuchen, den gepassten Ball abzufangen. Die beiden Spieler, die sich den Ball passen, dürfen dabei nicht prellen, sodass sie max. drei Schritte für den Pass zur Verfügung haben.

Gemeinsam in der Gruppe dehnen.

TE 3-2	Kleines Spiel	10	20

Grundablauf:

- Es wird Parteiball ohne Prellen gespielt.
- Ein Punkt wird erzielt, wenn der Ball an die Außenseite des großen Turnkastens gespielt wird (die zur Hallenwand zeigende Seite).

Ablauf:

- Gelingt es △1, den Ball so an den Kasten zu spielen (A), dass ein Mitspieler (hier △2) den Ball fangen kann (B), dürfen sie weiter versuchen, Punkte zu erzielen. Sie müssen dazu auf den anderen Kasten (II) in derselben Spielfeldhälfte spielen (C und D).

- Gelingt am Kasten II wieder ein Punkt, dürfen sie weiter versuchen, Punkte zu erzielen, müssen dies aber wieder an Kasten I versuchen usw.

- Gelingt es ●1, den Ball abzufangen (E), dürfen ●1, ●2, ●3, ●4 und ●5 versuchen, einen Punkt zu erzielen, müssen dies aber auf den diagonalen (zum letzten Versuch von △1, △2, △3, △4 und △5 (A)) Kasten (IV) machen (F, G und H).

- Wird der Ball bei dem Punktgewinn (H) wieder von einem Mitspieler (●1, ●2, ●3, ●4 oder ●5) gefangen, dürfen sie an Kasten III versuchen, einen weiteren Punkt zu erzielen.

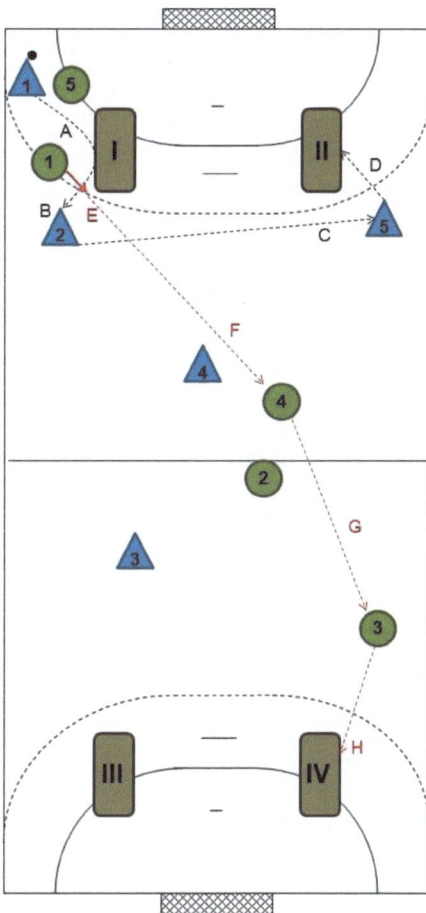

⚠ Der Spieler, der den Ball an den Kasten gespielt (A und H) hat, darf ihn selbst nicht wieder fangen.

Regelzusammenfassung:

- Gelingt es einer Mannschaft, den Ball abzufangen, müssen sie immer auf den Kasten spielen, der diagonal zu dem Kasten steht, auf den die gegnerische Mannschaft zuletzt einen Punktversuch gemacht hat.

TE 3-3	Ballgewöhnung	10	30

Grundablauf:

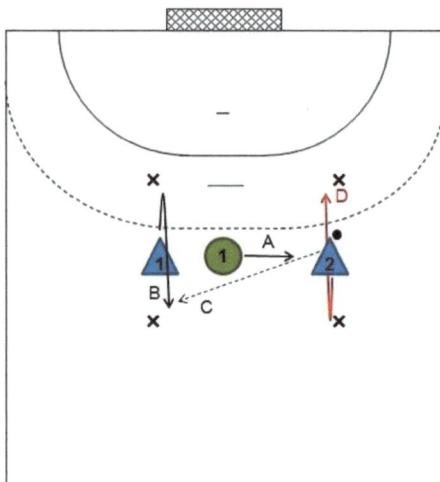

- 🔺1 und 🔺2 müssen versuchen, sich den Ball 10-mal hintereinander zuzupassen, ohne dass 🟢1 den Ball oder den Ballhalter berührt.
- Der Ballhalter darf den Ball max. drei Sekunden in der Hand halten.
- Die Pässe werden in einer geraden Passlinie oder als Bodenpass gespielt (keine Bogenlampen erlaubt).

Ablauf:

- 🟢1 muss aktiv auf den Ballhalter (🔺2) zulaufen (A) und versuchen, entweder den Ballhalter zu berühren oder den Ball abzufangen (zu berühren).
- 🔺1 darf sich innerhalb der beiden Hütchen seitlich anbieten (B), muss dabei aber auf Höhe der Hütchen bleiben und darf nicht nach vorne oder hinten ausweichen.
- 🔺2 muss nach Erhalt des Balles bis zum Pass mit mind. einem Bein stehen bleiben und muss den Ball innerhalb von drei Sekunden zu 🔺1 passen (C), bevor 🟢1 ihn berührt.
- Nach dem Pass berührt 🟢1 🔺2 kurz, bevor er versucht, auf der anderen Seite den Pass von 🔺1 zu 🔺2 abzufangen oder 🔺1 zu berühren.
- Berührt 🟢1 den Ball oder den Ballhalter, werden die Positionen getauscht, spätestens jedoch nach 10 Pässen. Gelingen 10 Pässe, macht 🟢1 10 schnelle Hampelmannbewegungen.

Variation:

- Der Ballhalter (hier 🔺2) darf sich beim Pass ebenfalls seitlich innerhalb der beiden Hütchen bewegen (D).

⚠️ 🟢1 soll mit hoher Dynamik in Richtung des Ballhalters laufen und dabei mit den Armen den Passweg für den Ballhalter „zustellen".

TE 3-4	Torhüter-Einwerfen	10	40

Ablauf:

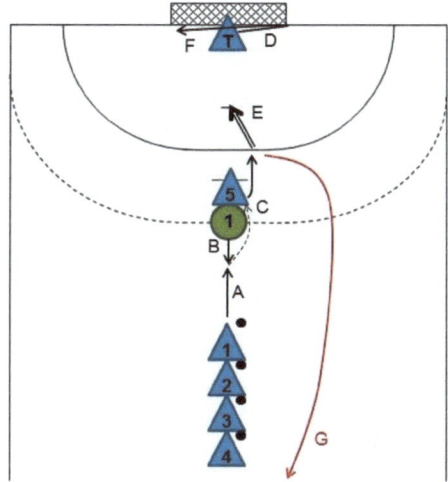

- ▲1 prellt mit Ball nach vorne Richtung ●1 (A), der ihm entgegen kommt (B) und die Arme zur Passabwehr nach oben hält.

- ▲1 steckt den Ball an ●1 vorbei an den Kreis zu ▲5 durch oder passt als Bodenpass zu ▲5 (C). ●1 soll den Pass (C) erschweren, aber zulassen.

- Zeitgleich mit dem Pass (C) läuft ▲T zum zuvor definierten Auftaktpfosten (D), berührt diesen kurz und geht dynamisch zur anderen Seite, um den von ▲5 nach Vorgabe (hoch, halb, tief) geworfenen Ball zu halten (E und F).

- ●1 wird danach sofort zum neuen Kreisläufer und ▲1 zum neuen Abwehrspieler und der Ablauf wiederholt sich mit dem anlaufenden ▲2 usw.

- ▲5 sprintet nach seinem Wurf sofort bis zur Mittelinie (G) und stellt sich wieder an.

⚠ ●1 soll den Pass (C) zu ▲5 unbedingt zulassen, danach sofort nach hinten rutschen und zum neuen Kreisläufer werden. Auch ▲1 soll sofort nach seinem Pass (C) auf die neue Aufgabe als Abwehrspieler umschalten.

TE 3-5	Angriff / Kleingruppe	20	60

Grundablauf (Bild 1):

- △ spielt den Ball zu △ (A)

- △ stößt dynamisch deutlich nach links und spielt den Ball zurück zu △, der ebenfalls deutlich dynamisch nach links stößt (B).

- △ verlagert nun prellend dynamisch nach innen (C).

- △ geht in die Gegenbewegung und stellt bei ● eine Sperre nach innen (D).

- ● tritt △ entgegen (E) und △ spielt den Ball zu △ (F), der mit Wurf abschließt (G).

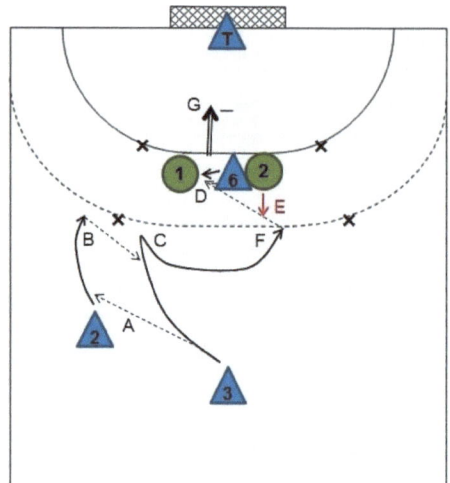

Bild 1

1. Erweiterung (Bild 2):

- Auftakt wie zuvor (A, B, C und D)

- ● soll dieses Mal im defensiven Block hinten bleiben, sodass △ nach der deutlichen Verlagerung nach rechts wirft (H).

⚠ Durch die deutliche Verlagerung nach rechts neben ●, sollte das lange Eck für △ offen sein (J).

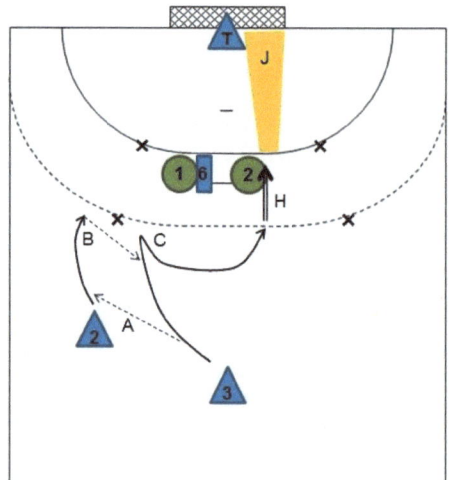

Bild 2

2. Erweiterung (Bild 3):

- Auftakt wie zuvor (A, B, C und D).

- (2) tritt jetzt wieder deutlich auf (3) heraus, der versucht, in einer 1gegen1-Aktion an (2) vorbei zu gehen (J und L).

- Gelingt der Durchbruch nicht, soll (3) versuchen, den Ball zu (6) durchzustecken (K).

3. Erweiterung:

- (2) soll nun variabel agieren, sodass (3) aus den drei zuvor geübten Variationen die richtige Entscheidung fällen muss.

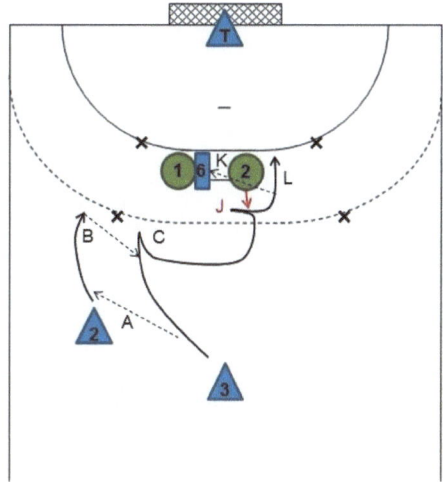

Bild 3

⚠ (2) und (3) sollen beim Auftakt das Spiel deutlich nach links verlagern (A und B).

⚠ (6) muss das Stellen der Sperre so timen, dass er mit der Gegenbewegung von (3) (C) zu (1) läuft (D).

⚠ (6) soll die Sperre lang halten und sich erst im letzten Moment in Richtung dem Pass von (3) absetzen.

TE 3-6	Angriff / Team		20	80

Auftakthandlung (Bild 1):

- ▲4 spielt ▲3 den Ball in den Lauf (A).

- ▲3 spielt den Ball direkt weiter zu ▲2 (B).

- ▲2 stößt dynamisch deutlich nach links und spielt den Ball zurück zu ▲3 (C), der ebenfalls deutlich dynamisch nach links stößt (D).

- ▲3 verlagert nun prellend dynamisch nach innen (E).

- ▲6 geht in die Gegenbewegung und stellt bei ⬤3 eine Sperre nach innen (F).

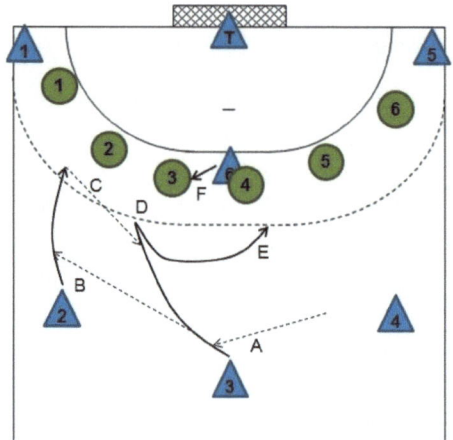

Bild 1

Weiterspielen (Bild 2):

Abhängig von der Abwehrsituation soll ▲3 nun entscheiden:

- Bleibt ⬤4 defensiv und zu ▲6 hin orientiert, verlagert ▲3 bis seitlich rechts neben ⬤4 und wirft (J).

- Tritt ⬤4 deutlich heraus (G), kann ▲3 entweder direkt versuchen, ▲6 anzuspielen (H), oder zunächst eine 1gegen1-Aktion gegen ⬤4 spielen, durchgehen, oder ▲6 anspielen.

- Verlagert ⬤5 nach innen (K), um auszuhelfen, und der Pass zu ▲6 ist nicht möglich, spielt ▲3 den Ball ▲4 in den Lauf, der dynamisch Druck zwischen ⬤5 und ⬤6 macht (L).

- Entweder bricht ▲4 durch, oder er spielt, wenn ⬤6 (M) nach innen aushilft, den Ball zu ▲5 nach außen, der mit Wurf abschließt.

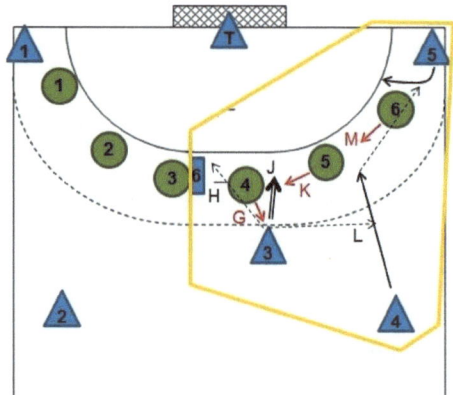

Bild 2

⚠ Alle Stoß- und Laufbewegungen müssen dynamisch und glaubhaft ausgeführt werden, sodass die Abwehr darauf reagieren muss. Entsteht die Möglichkeit des Durchbruchs, oder kann ▲6 angespielt werden, soll dies genutzt werden.

Ziel der Auftakthandlung:

- Durch die Verlagerung von **2** und **3** und die Sperrstellung von **6** soll eine Passmöglichkeit zu **6** oder eine Überzahlsituation auf der rechten Angriffsseite geschaffen werden (siehe Markierung Bild 2).

Wettkampf:

- Jedes Team hat 5 Angriffe und bekommt bei einem Torerfolg einen Punkt. Welche Mannschaft schafft mehr Punkte?

TE 3-7	Abschlusssprint	10	90

Aufbau:

- Jede Mannschaft erhält eine Ballkiste und zwei Hütchen als Startpunkte.
- Je eine Turnkiste auf der anderen Seite des Feldes aufstellen.
- Jeweils ein Hütchen zur Markierung des Laufweges aufbauen.

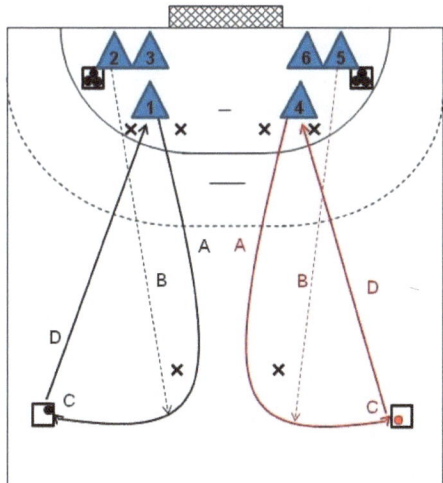

Ablauf:

- **1** und **4** sprinten um das Hütchen (A).
- Dort bekommen sie einen Pass von **2** bzw. **5** (B) und legen den Ball in der Turnkiste ab (C).
- Danach Sprint zurück zur Gruppe (D) und den nächsten Spieler (**2** bzw. **5**) abklatschen.
- Welche Mannschaft transportiert schneller die Bälle von der Start- in die Zielkiste?
- Die Verlierermannschaft macht eine zuvor abgestimmte Strafaufgabe.

⚠ Die Passlänge durch die Position des Hütchens an die Leistungsstärke der Spieler anpassen.

⚠ Jeder Spieler soll passen und anschließend selbst laufen.

⚠ Der erste Spieler passt dem letzten Spieler.

Nr.: Abw. 4	Langes Kreuzen RM und Außen als Auftakthandlung Teil 1		★★★	90

Startblock		Hauptblock				
X	Einlaufen/Dehnen		Angriff / Individuell			Sprungkraft
	Laufübung		Angriff / Kleingruppe			Sprintwettkampf
X	Kleines Spiel	X	Angriff / Team			Torhüter
	Koordination		Angriff / Wurfserie			
	Laufkoordination		Abwehr / Individuell			**Schlussblock**
	Kräftigung		Abwehr / Kleingruppe		X	Abschlussspiel
X	Ballgewöhnung		Abwehr / Team			Abschlusssprint
X	Torhüter-Einwerfen		Athletiktraining			
			Ausdauertraining			

★: Einfache Anforderung (alle Jugend-Aktivenmannschaften)	★★: Mittlere Anforderung (geeignet ab C-Jugend bis Aktive)	★★★: Höhere Anforderung (geeignet ab B-Jugend bis Aktive)	★★★★: Intensive Anforderung (geeignet für Leistungsbereiche)

Legende:

✕ Hütchen

▣ Ballkiste

△1 Angreifer

●1 Abwehrspieler

○ Turnreifen

☐ umgedrehte Turnkiste

Benötigt:

→ 6 Hütchen, 6 Reifen,
4 umgedrehte Turnkisten,
2 Ballkisten mit ausreichend
Bällen

Beschreibung:

Das Erarbeiten einer einfachen Auftakthandlung durch eine Kreuzbewegung von RM und Außenspieler ist der Schwerpunkt dieser Trainingseinheit. Nach der Erwärmungsphase mit einem kleinen Spiel startet mit der Ballgewöhnung Schritt für Schritt das Erarbeiten der Auftakthandlung. Nach dem Torhüter-Einwerfen folgen zwei Teamübungen, die die Laufbewegungen für die Auftakthandlung mit Weiterspielmöglichkeiten und Variationen aufzeigen. Das Abschlussspiel rundet diese Trainingseinheit ab.

Insgesamt besteht die Trainingseinheit aus folgenden Schwerpunkten

- Einlaufen/Dehnen (Einzelübung: 15 Minuten / Trainingsgesamtzeit: 15 Minuten)
- Kleines Spiel (10/25)
- Ballgewöhnung (15/40)
- Torhüter einwerfen (10/50)
- Angriff/Team (15/65)
- Angriff/Team (15/80)
- Abschlussspiel (10/90)

Gesamtzeit der Trainingseinheit: 90 Min.

TE 4-1	Einlaufen/Dehnen	15	15

Ablauf:
- Zwei Spieler mit einem Ball laufen kreuz und quer durch die Halle und passen sich den Ball locker zu (kurze und weite Pässe).
- Sie versuchen, einer anderen Gruppe den Ball zu „klauen", sie müssen sich ihren Ball aber dabei weiter zupassen. Haben sie einen anderen Ball ergattert, müssen beide Bälle gepasst werden.

Gemeinsames Dehnen in der Gruppe.

TE 4-2	Kleines Spiel	10	25

Aufbau:
- Zwei Mannschaften bilden.
- In jeder Feldecke eine umgedrehte kleine Turnkiste aufstellen.
- Einige Reifen im Feld verteilen.

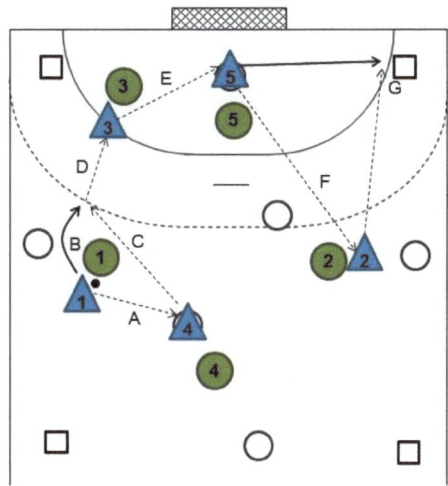

Ablauf:
- Die Mannschaft in Ballbesitz versucht, durch schnelle Pässe und geschicktes Laufen einen Punkt zu erzielen, indem sie:
  - o Zunächst zweimal einen Spieler anspielt, der in einem Reifen steht (A, E) und den Ball wieder zum Passgeber (C) oder einem anderen Spieler der Mannschaft (F) zurückspielt.
  - o Dabei müssen zwei verschiedene Reifen genutzt werden.
  - o Anschließend den Ball in einer der Kisten ablegt (G).
- Zwischen den Pässen in die Reifen dürfen beliebig viele weitere Pässe gespielt werden (D), ebenso vor dem Ablegen in die Ballkiste.
- Kommt die andere Mannschaft zwischenzeitlich an den Ball, muss zunächst wieder mit den Pässen in die Reifen begonnen werden.
- Welche Mannschaft erzielt mehr Punkte?

⚠ Bekommt ein Spieler in einem Reifen den Ball, müssen die anderen Spieler sich sofort freilaufen, damit ein Rückpass in die Mannschaft möglich ist (B).

⚠ Nach den Pässen in die Reifen muss sofort umgeschaltet und auf die Turnkisten gespielt werden.

| TE 4-3 | Ballgewöhnung | 15 | 40 |

Ablauf:

- 6 startet den Ablauf mit Pass zu 2 (A).

- 2 passt 3 in den Lauf (B), der dynamisch nach rechts wegzieht.

- 5 kommt von außen angelaufen, nimmt die Kreuzbewegung an und bekommt von 3 den Ball gepasst (C).

- 4 läuft nach links und bekommt von 5 den Ball gespielt, der dynamisch Richtung Mitte läuft (D).

- 4 spielt den Ball zu 1, der im Bogen angelaufen kommt und den Ball wieder zu 6 spielt (E).

- Danach spielt 6 den Ball zu 8 und der Ablauf wiederholt sich auf der anderen Seite.

- Usw.

Aufstellung nach einer Runde:

- 1 und 5 ziehen sich sofort wieder dynamisch auf die Außenpositionen zurück, halten also ihre Position.

- 3 und 4 tauschen die Position.

- 6 hält die Position am Kreis.

TE 4-4	Torhüter-Einwerfen	10	50

Ablauf:

- 2️ startet um das Hütchen und läuft diagonal nach links (A).

- 1️ passt 2️ den Ball in den Lauf (B).

- 2️ läuft um das Hütchen herum und wirft im Korridor auf das Tor (C und D).

- 1️ startet nach seinem Pass zu 2️ (B) ebenfalls um das Hütchen und diagonal nach rechts (E).

- 4️ spielt 1️ den Ball in den Lauf (F) und 1️ wirft.

- Nach dem Wurf sprinten die Werfer zur Ballkiste und stellen sich wieder an (G).

- Usw., bis die Ballkiste leer ist.

TE 4-5	Angriff / Team	15	65

Ablauf:

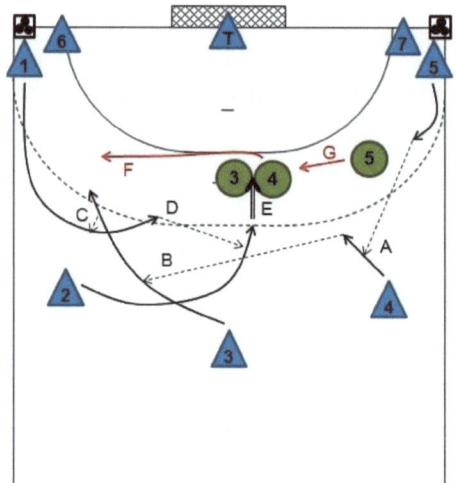

- ▲5 stößt mit Ball an und spielt ▲4 den Ball in die Stoßbewegung (A).

- ●5 versucht, das Anstoßen von ▲5 und den Pass zu ▲4 zu stören.

- ▲3 startet dynamisch nach links und bekommt von ▲4 den Ball in die Stoßbewegung gespielt (B).

- ▲1 läuft dynamisch im Bogen an, nimmt die Kreuzbewegung von ▲3 an und bekommt den Ball gespielt (C).

- ▲1 zieht Richtung Tor und spielt ▲2, der dynamisch im großen Bogen angelaufen kommt (D), den Ball in den Lauf.

- ▲2 wirft aus dem Sprungwurf über den defensiven Block von ●3 und ●4 (E).

- Danach startet der Ablauf mit dem Anstoßen von ▲1 von der anderen Seite.

- Usw.

Positionstausch nach dem Ablauf:

- ▲1 zieht sich wieder auf die Ausgangsposition nach außen zurück.

- ▲2 und ▲3 tauschen nach der Aktion die Positionen und ziehen sich sofort auf die neue Position zurück.

- Die Abwehr verschiebt auf die linke Seite (F und G).

| TE 4-6 | Angriff / Team | 15 | 80 |

Ablauf:

- Von der rechten Seite wird angestoßen (nicht im Bild).

- ▲3 bekommt von ▲4 den Ball in den Lauf, stößt dynamisch nach links und kreuzt mit ▲1, der dynamisch im Bogen von außen angelaufen kommt (A).

- ▲1 zieht Richtung Tor und spielt ▲2 den Ball in den Lauf, der dynamisch im großen Bogen angelaufen kommt (B).

- ▲2 entscheidet nun:

  o Bleibt ●4 defensiv stehen, geht ▲2 in den Sprungwurf und schließt mit Wurf ab (C).

  o Kommt ●4 heraus, stößt ▲2 dynamisch Richtung Tor und spielt ▲4 den Ball in den Lauf (D).

- ▲4 entscheidet nun:

  o Hat ●5 sich Richtung Mitte (G) orientiert, bricht ▲4 dynamisch durch und schließt mit Wurf ab (E).

  o Verschiebt ●5 mit nach Halb, stößt ▲4 Richtung Tor und passt den Ball als Bodenpass nach außen zu ▲5, der mit Torwurf abschließt (F).

- Danach beginnt der Ablauf von der anderen Seite.

- Usw.

⚠ ●3 soll die Bewegungen von ▲3 und ▲1 im Laufe der Übung immer mehr stören (H).

⚠ Die Stoßbewegungen deutlich und dynamisch Richtung Tor machen.

⚠ Die Spieler sollen in ihrer Aktion immer zuerst den Weg zum Torerfolg suchen (▲2 und ▲4).

| TE 4–7 | Abschlussspiel | 10 | 90 |

Grundaufbau:

- Zwei Mannschaften bilden, die Handball gegeneinander spielen.
- Deckung: Jeweils 6:0.

Ablauf:

- Gelingt ein Tor aus dem zuvor Geübten, bekommt die Mannschaft einen Zusatzpunkt.
- Für die Verlierermannschaft vorher eine Zusatzaufgabe vereinbaren.

Anschließend einige Minuten gemeinsam auslaufen und ausdehnen.

Nr.: Abw. 5	Langes Kreuzen RM und Außen als Auftakthandlung Teil 2		★★★	90

Startblock		Hauptblock				
X	Einlaufen/Dehnen		Angriff / Individuell			Sprungkraft
	Laufübung		Angriff / Kleingruppe		X	Sprintwettkampf
X	Kleines Spiel	X	Angriff / Team			Torhüter
	Koordination		Angriff / Wurfserie			
	Laufkoordination		Abwehr / Individuell			**Schlussblock**
	Kräftigung		Abwehr / Kleingruppe		X	Abschlussspiel
X	Ballgewöhnung		Abwehr / Team			Abschlusssprint
X	Torhüter-Einwerfen		Athletiktraining			
			Ausdauertraining			

★: Einfache Anforderung (alle Jugend-Aktivenmannschaften)	★★: Mittlere Anforderung (geeignet ab C-Jugend bis Aktive)	★★★: Höhere Anforderung (geeignet ab B-Jugend bis Aktive)	★★★★: Intensive Anforderung (geeignet für Leistungsbereiche)

Legende:

△ 1   Angreifer

● 1   Abwehrspieler

▭   dünne Turnmatte

▣   Ballkiste

Benötigt:
➔ 4 dünne Turnmatten,
2 Ballkisten mit ausreichend
Bällen

Beschreibung:

In dieser Trainingseinheit werden die Auftakthandlung aus der vorherigen Trainingseinheit Schritt für Schritt erweitert und weitere Lösungsmöglichkeiten aufgezeigt. Nach der Erwärmungsphase mit einem kleinen Spiel startet mit der Ballgewöhnung das Erarbeiten der Laufbewegungen. Das Torhüter-Einwerfen beinhaltet eine einfache Kreuzbewegung mit anschließendem Wurf auf das Tor. In zwei Teamübungen werden die Spielmöglichkeiten Schritt für Schritt aufgezeigt und im Abschlussspiel angewendet.

Insgesamt besteht die Trainingseinheit aus folgenden Schwerpunkten
- Einlaufen/Dehnen (Einzelübung: 15 Minuten / Trainingsgesamtzeit: 15 Minuten)
- Kleines Spiel (10/25)
- Ballgewöhnung (10/35)
- Torhüter einwerfen (10/45)
- Angriff/Team (15/60)
- Angriff/Team (20/80)
- Abschlussspiel (10/90)

Gesamtzeit der Trainingseinheit: 90 Min.

TE 5-1	Einlaufen/Dehnen	15	15

Ablauf:

Selbstständiges Einlaufen mit Ball, wenn sich zwei Spieler „treffen" (aneinander vorbeilaufen), folgendes ausführen:

- Mit einer Hand abklatschen.
- Jeweils mit dem Fuß kurz berühren.
- Hochspringen und oben mit einer Hand abklatschen.
- Hochspringen und mit der Brust zusammengehen.
- Bälle tauschen.

Gemeinsames Dehnen in der Gruppe.

TE 5-2	Kleines Spiel	10	25

Aufbau:

- 4 Matten an den Ecken des Spielfeldes auslegen (so, dass sie auch hinterlaufen werden können).

Ablauf:

- Die Mannschaft in Ballbesitz versucht, durch schnelle Pässe (A und B) und geschicktes Laufen einen Punkt zu erzielen.
- Ein Punkt ist erzielt, wenn ein Spieler auf der Matte angespielt wird (C), der auf dem Rücken eines Mitspielers sitzt (Huckepack/ „Turm").
- Eine Mannschaft kann mehrere Punkte hintereinander erzielen, allerdings nicht zweimal hintereinander auf der gleichen Matte.
- Die andere Mannschaft versucht, die Bälle abzufangen und dann ihrerseits Punkte zu erzielen. Sie darf die Matten nicht betreten.

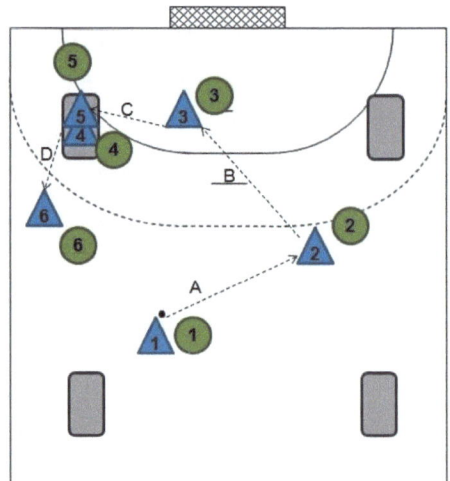

Variation:

- Ein Punkt wird nur erzielt, wenn der Spieler auf der Matte angespielt wird (auf dem Rücken des Mitspielers) (C) und er den Ball dann einem anderen Mitspieler passt (D).

⚠️ Die Spieler müssen geschickt laufen und zusammenarbeiten, um einen „Turm" zu bilden und einen Punkt zu erzielen.

| TE 5-3 | Ballgewöhnung | 10 | 35 |

Ablauf (Bild 1):

- ⬛6 startet den Ablauf mit Pass zu ⬛2 (A).

- ⬛2 passt ⬛3 in den Lauf, der dynamisch nach rechts wegzieht (B).

- ⬛5 kommt von außen angelaufen, nimmt die Kreuzbewegung an und bekommt von ⬛3 den Ball gepasst (C).

- ⬛4 läuft nach links und bekommt von ⬛5 den Ball gespielt, der dynamisch Richtung Mitte läuft (D).

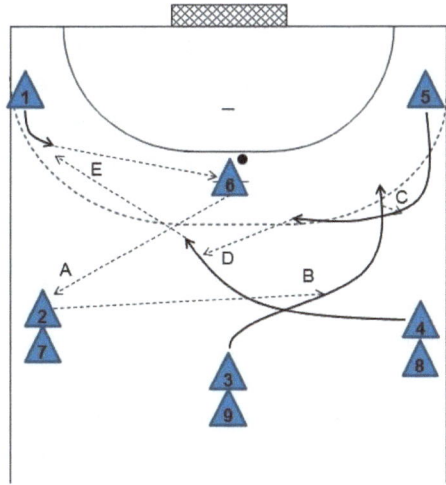

- ⬛4 spielt den Ball zu ⬛1, der im Bogen angelaufen kommt und den Ball wieder zu ⬛6 spielt (E).

- Danach spielt ⬛6 den Ball zu ⬛8 und der Ablauf wiederholt sich auf der anderen Seite.

(Bild 1)

Aufstellung nach einer Runde:

- ⬛1 und ⬛5 ziehen sich sofort wieder dynamisch auf die Außenpositionen zurück, halten also ihre Position.

- ⬛3 und ⬛4 tauschen nach dem Kreuzen die Position.

- ⬛6 hält die Position am Kreis.

Erweiterung (Bild 2 und 3):

- Auftaktpässe A, B, C und D bleiben identisch.

- Nach dem Kreuzen von ▲3 und ▲5 ziehen sich beide sofort auf die Positionen zurück – ▲3 auf LA und ▲5 auf RR (siehe in Bild 3).

- ▲4 zieht dynamisch weit nach links, kreuzt mit ▲2 und spielt ihm den Ball (F).

- ▲5 stößt dynamisch an und bekommt von ▲2 den Ball in den Lauf (G)

- ▲3 kommt im Bogen angelaufen, bekommt von ▲5 den Ball in den Lauf gespielt (H) und passt wieder zu ▲6 (J).

- Danach spielt ▲6 den Ball zu ▲8 und der Ablauf wiederholt sich auf der anderen Seite.

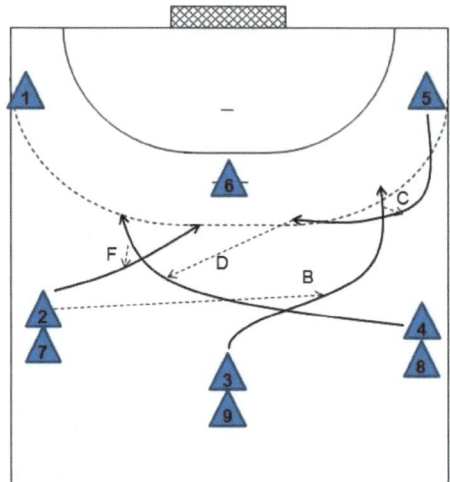

(Bild 2)

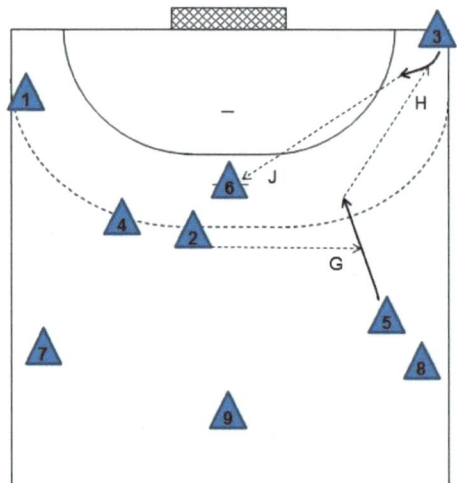

(Bild 3)

TE 5-4	Torhüter-Einwerfen	10	45

Ablauf:

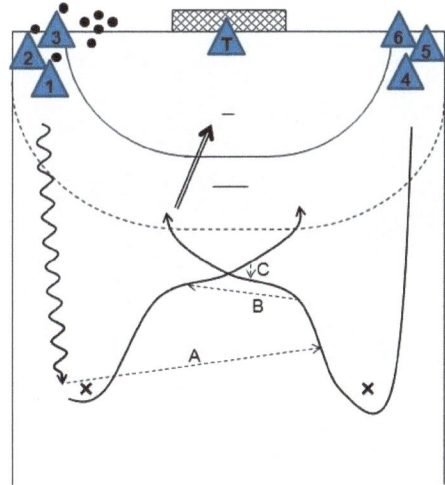

- 🔺1 und 🔺4 starten gleichzeitig, dabei prellt 🔺1 den Ball.
- Beide umlaufen das Hütchen.
- Direkt nach dem Umlaufen des Hütchens passt 🔺1 den Ball (A) zu 🔺4.
- Sofortiger Rückpass (B) zu 🔺1, der sofort ins Ankreuzen geht.
- 🔺4 kommt hinten herum gelaufen (Kreuzen) und bekommt von 🔺1 den Ball gespielt (C).
- Immer abwechselnd nach Vorgabe (hoch, halb, tief) werfen.
- Die zweite Gruppe startet etwas zeitversetzt, sodass für den Torhüter ein Rhythmus entsteht.

Variationen:

- Sprungwurf.
- Wurf übers falsche Bein.
- Sprungwurfpass (dabei den Ball beim Kreuzen hinten herunterfallen lassen).
- Bälle auf die andere Seite -> Spiegelverkehrter Ablauf.

TE 5-5	Angriff / Team	15	60

Ablauf:

- **5** stößt von außen an und spielt **4** den Ball in den Lauf (A).

- **3** macht eine deutliche Lauftäuschung nach rechts (B), bekommt den Ball von **4** in den Lauf gespielt (C) und zieht nach links weg.

- **1** kommt im Bogen von außen angelaufen, nimmt die Kreuzbewegung an und bekommt den Ball gespielt (D).

- **1** zieht Richtung Tor und spielt **2** den Ball in den Lauf, der im großen Bogen dynamisch nach rechts läuft (E).

- **3** läuft nach dem Pass sofort nach außen (H) und **1** auf RL (J).

- **4** läuft zuerst deutlich parallel im Korridor mit (F), nimmt danach aber die Kreuzbewegung an und bekommt den Ball gespielt (G).

- **4** stößt dynamisch Richtung Tor und passt **1** den Ball in den Lauf (K).

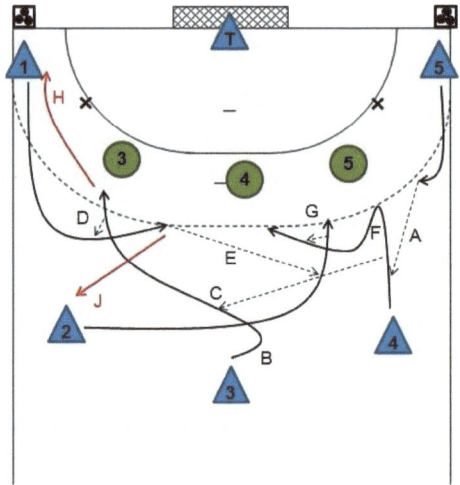

(Bild 1)

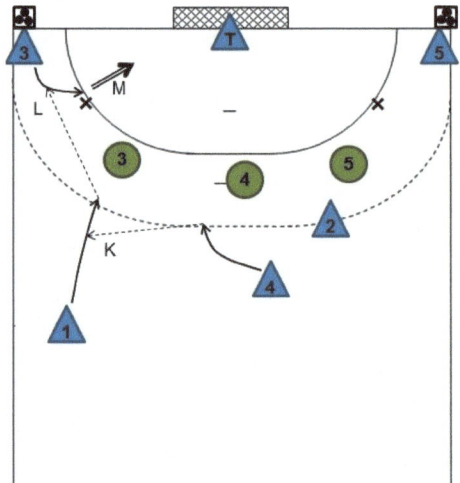

(Bild 2)

- **1** stößt dynamisch Richtung Tor und macht einen Bodenpass zu **3** (L), der mit Wurf abschließt (M).
- Danach wiederholt sich der Ablauf auf der anderen Seite.
- Usw.
- Die Abwehrspieler treten auf die Angreifer heraus und unterbinden das Weiterspielen, wenn der Angreifer den Ball zu lange hält.

⚠ Nach dem parallelen Mitstoßen von **4** (F) muss eine deutliche Geschwindigkeitszunahme erfolgen und der Ball mit hoher Dynamik und Geschwindigkeit gespielt werden!

TE 5-6	Angriff / Team	20	80

Grundaufbau:

- Spiel 5gegen5.
- Nach jedem Angriff tauschen Angriff und Abwehr die Aufgaben.
- Jedes aus dem folgenden Ablauf erzielte Tor zählt einen Punkt. Wer hat zuerst 3 (5) Punkte?

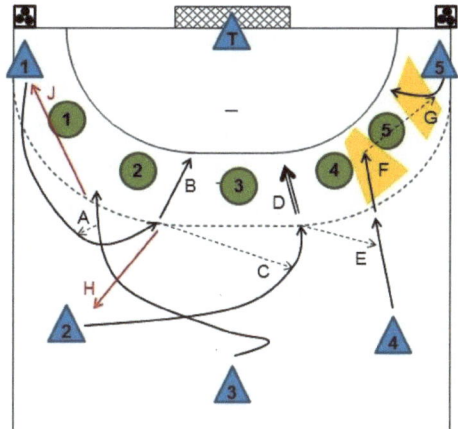

(Bild 1)

Ablauf:

- 5 stößt von außen an und spielt 4 den Ball in den Lauf (wie in den Übungen zuvor, hier nicht im Bild).

- 3 macht eine deutliche Lauftäuschung nach rechts,

  bekommt den Ball von 4 in den Lauf gespielt (wie in den Übungen zuvor, hier nicht im Bild) und zieht nach links weg.

- 1 kommt im Bogen von außen angelaufen, nimmt die Kreuzbewegung an und bekommt den Ball gespielt (A).

- 3 geht nach dem Pass in die Ecke (J).

- 1 soll deutlich zwischen 2 und 3 stoßen:
  - o Bleibt die Lücke offen, geht 1 durch und schließt mit Wurf ab (B).
  - o Schließt sich die Lücke, bekommt 2 den Ball in den Lauf gespielt (C), der im Bogen angelaufen kommt (1 zieht sich sofort nach dem Pass auf RL zurück (H)).

- 2 stößt dynamisch Richtung Abwehr:
  - o Bleiben 3 und 4 defensiv, wirft 2 aus dem Sprungwurf heraus, oder bricht durch (D).
  - o Ist das nicht möglich, spielt 2 den Ball 4 in den Lauf (E) und geht danach an den Kreis.

- 4 muss nun vor der Aktion die Abwehr beobachten: Ist diese eingerückt, stößt 4 gerade weiter:
  - o Bleibt die Lücke zwischen 4 und 5 offen, sucht er selbst den Abschluss (F).
  - o Schließt die Abwehr die Lücke, erfolgt ein Bodenpass zu 5, und 5 schließt mit Wurf von außen ab (G).

Alternatives Weiterspielen:

- Steht die Abwehr (4 und 5) richtig und ist nicht weit genug aufgerückt, bricht 4 die Stoßbewegung ab (K), geht in die Gegenstoßbewegung, nimmt die Kreuzbewegung von 2 an und bekommt den Ball gespielt (L).

- 4 macht deutlich Druck zwischen 2 und 3 und versucht, durchzubrechen und mit Wurf abzuschließen (M).

- Gelingt der Durchbruch von 4 (M) nicht, spielt 4 den Ball 1

(Bild 2)

in die dynamische Stoßbewegung (N) zwischen 1 und 2 .

- 1 versucht mit höchster Dynamik durchzubrechen (O). Gelingt das nicht, spielt 1 den Ball zu 3 nach außen in die Laufbewegung und 3 schließt mit Wurf ab (P).

- Danach wiederholt sich der Ablauf auf der anderen Seite.

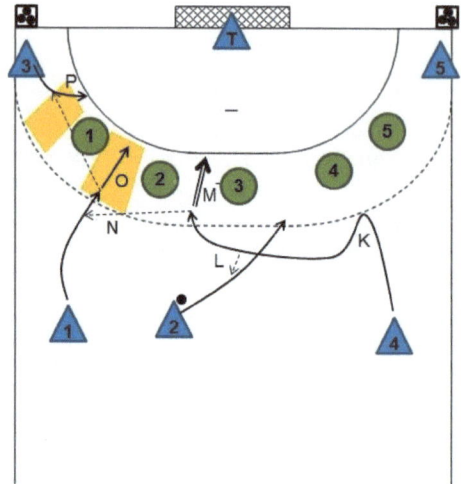

TE 5-7	Abschlussspiel	10	90

Grundaufbau:
- Zwei Mannschaften bilden, die Handball gegeneinander spielen.

Ablauf:
- Beide Mannschaften müssen mit der zuvor geübten Auftakthandlung starten (entweder auf der linken oder rechten Seite). Das Weiterspielen (Lösen der Spielsituation) ist ihnen dann freigestellt.
- Gelingt ein Tor aus dem Ablauf, bekommt die Mannschaft **EINEN** Zusatzangriff ab der Mittellinie.

Anschließend einige Minuten gemeinsam auslaufen.

Nr.: Abw. 6	Schwerpunkt: Langes Kreuzen RM und Außen als Auftakthandlung Teil 3		★★★	90

Startblock		Hauptblock			
X	Einlaufen/Dehnen		Angriff / Individuell		Sprungkraft
	Laufübung		Angriff / Kleingruppe	X	Sprintwettkampf
	Kleines Spiel	X	Angriff / Team		Torhüter
	Koordination	X	Angriff / Wurfserie		
X	Laufkoordination		Abwehr / Individuell		**Schlussblock**
	Kräftigung		Abwehr / Kleingruppe		Abschlussspiel
X	Ballgewöhnung		Abwehr / Team		Abschlusssprint
X	Torhüter-Einwerfen		Athletiktraining		
			Ausdauertraining		

★: Einfache Anforderung (alle Jugend-Aktivenmannschaften)	★ ★: Mittlere Anforderung (geeignet ab C-Jugend bis Aktive)	★ ★ ★: Höhere Anforderung (geeignet ab B-Jugend bis Aktive)	★ ★ ★ ★: Intensive Anforderung (geeignet für Leistungsbereiche)

Legende:

✖   Hütchen

    Ballkiste

🔺1   Angreifer

🟢1   Abwehrspieler

    Hürde

    Koordinationsleiter

    dünne Turnmatte

Benötigt:

→ 1 Koordinationsleiter, 2 Hürden, 9 Hütchen, 1 kleine Turnmatte, 1 Ballkiste mit ausreichend Bällen

Beschreibung:

In dieser Trainingseinheit werden die Auftakthandlung aus den beiden vorherigen Trainingseinheiten aufgegriffen und weitere Lösungsmöglichkeiten aufgezeigt. Nach der Erwärmung mit einer Übung zur Laufkoordination folgt in der Ballgewöhnung und im Torhüter-Einwerfen das Erarbeiten einer zusätzlichen Kreuzbewegung. In einer Wurfserie wird diese Schritt für Schritt erweitert und jeweils mit Wurf abgeschlossen. In einer Mannschaftsübung wird die neue Kreuzung mit der bekannten Auftaktaktion kombiniert und im 6gg6 angewendet. Ein Sprintwettkampf rundet diese Trainingseinheit ab.

Insgesamt besteht die Trainingseinheit aus folgenden Schwerpunkten

- Einlaufen/Dehnen (Einzelübung: 10 Minuten / Trainingsgesamtzeit: 10 Minuten)
- Laufkoordination (10/20)
- Ballgewöhnung (10/30)
- Torhüter einwerfen (10/40)
- Angriff/Wurfserie (25/65)
- Angriff/Team (20/85)
- Sprintwettkampf (5/90)

Gesamtzeit der Einheit: 90 Min.

TE 6-1	Einlaufen/Dehnen	10	10

Ablauf 1:

- Die Spieler bilden 2er-Paare.
- Ein Spieler läuft voraus und macht verschiedene Laufbewegungen vor (vorwärts, Sidesteps, Hopserlauf, Armkreisen, Springen usw.).
- Der Partner läuft mit 1–2 Metern Abstand hinterher und kopiert die Laufbewegung seines Vordermannes.
- Auf Pfiff wechseln die Aufgaben.

Ablauf 2:

- Die Spieler bilden wieder 2er-Paare.
- Die beiden Partner stellen sich mit Blickrichtung zueinander mit 1–2 Metern Abstand einander gegenüber auf.
- Ein Spieler gibt die Laufrichtung (vorwärts, seitwärts, rückwärts) und das Lauftempo vor.
- Der Partner reagiert auf die vorgegebene Laufbewegung und achtet darauf, dass der Abstand immer gleich bleibt und er möglichst in der Position frontal (mit leichter Schrittstellung) vor seinem Partner bleibt.

Gemeinsam in der Gruppe dehnen.

TE 6-2	Laufkoordination	10	20

Ablauf:

- ▲1 startet, umläuft das erste Hütchen (A), sprintet in hohem Tempo zum nächsten Hütchen (B), umrundet es und sprintet zum nächsten Hütchen (C) usw., bis zum letzten Hütchen.
- Durch die Koordinationsleiter (D) springt ▲1 in der Hampelmannbewegung; dabei beidbeinig im Zwischenraum landen (E), beim nächsten Sprung mit den Beinen links und rechts neben der Koordinationsleiter landen (F) usw., bis zum Ende der Koordinationsleiter.

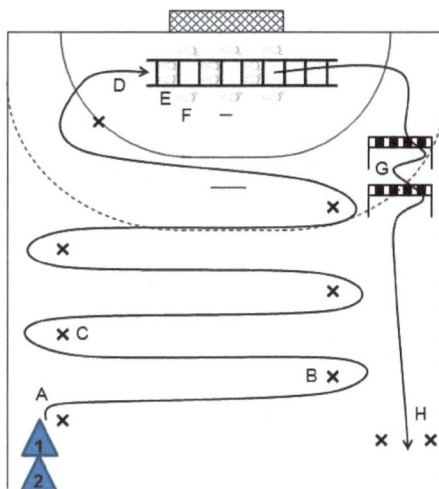

- Danach läuft ▲1 weiter zu den beiden Hürden, überspringt sie mit einem beidbeinigen Sprung (G) und sprintet danach durch das Hütchentor (H).
- Die weiteren Spieler starten den Ablauf jeweils etwas zeitversetzt.

Grundablauf:

- Die ersten beiden Durchgänge mit ca. 70%iger Dynamik absolvieren, danach eine kurze Pause machen.
- Die beiden nächsten Durchgänge dann mit 100%iger Dynamik absolvieren.

TE 6-3	Ballgewöhnung	10	30

Ablauf:

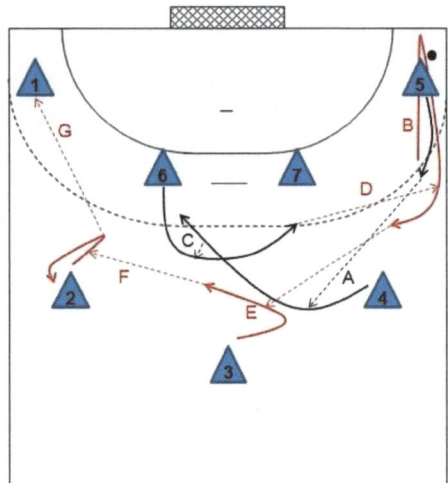

- 5 stößt von außen dynamisch an und spielt 4 den Ball in die Laufbewegung nach innen (A).

- 5 zieht sich sofort nach seinem Pass wieder auf die Außenposition zurück (B).

- 4 läuft mit Ball deutlich nach links neben die 7-Meter-Linie.

- 6 kommt im Bogen aus dem Kreis gelaufen, nimmt die Kreuzbewegung von 4 an (C) und passt den Ball 5 in die Laufbewegung (D), der von außen angelaufen kommt.

- 3 läuft 5 deutlich nach rechts entgegen und bekommt von 5 den Ball gespielt (E).

- 3 stößt nach links und passt 2 den Ball in die Stoßbewegung (F).

- 2 passt den Ball nach außen zu 1 (G).

- Jetzt wiederholt sich der Ablauf von der anderen Seite mit der Kreuzbewegung von 2 und 7.

- Usw.

| TE 6-4 | Torhüter-Einwerfen | 10 | 40 |

Ablauf:

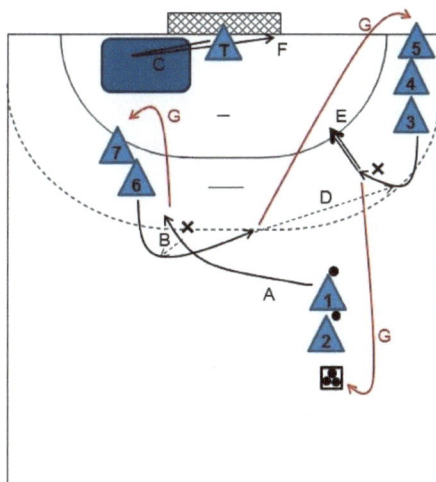

- ▲1 läuft mit Ball deutlich nach links neben die 7-Meter-Linie (A).

- ▲6 kommt im Bogen aus dem Kreis gelaufen, nimmt die Kreuzbewegung von ▲1 an (B) und passt den Ball ▲3 in die Laufbewegung (D), der von außen angelaufen kommt.

- ▲T läuft aus der Mitte heraus seitlich zur dünnen Turnmatte und macht darauf einen Purzelbaum (C).

- ▲3 umläuft das Hütchen und wirft nach Vorgabe (hoch, halb, tief) rechts auf das Tor (E).

- ▲T geht nach dem Purzelbaum (C) dynamisch zurück ins Tor und hält (F) den von ▲3 geworfenen Ball (E).

- Nach der Aktion stellen sich ▲1, ▲3 und ▲6 an der jeweils nächsten Position wieder an (G) und der Ablauf wiederholt sich usw.

- Nach einer Weile die Seite tauschen.

⚠ ▲T soll seine Aktion (C und F) so starten, dass eine flüssige Bewegung entsteht.

| TE 6-5 | Angriff / Wurfserie | 25 | 65 |

Ablauf:

- ▲1 läuft mit Ball deutlich nach links neben die 7-Meter-Linie (A).

- ▲6 kommt im Bogen aus dem Kreis gelaufen, nimmt die Kreuzbewegung von ▲1 an (B) und wirft aus dem Sprungwurf heraus über den Block von ●1 auf das Tor (C).

- Danach wiederholt sich der Ablauf mit ▲2 und ▲7 usw.

Erweiterung 1:

- ●1 tritt der Bewegung von ▲6 entgegen (D).

- ▲2 läuft im Bogen an, bekommt von ▲6 den Ball in den Lauf gespielt (E) und wirft aus dem Sprungwurf heraus auf das Tor (F).

Erweiterung 2:

- ●1 und ●2 treten der Bewegung von ▲6 (D) und ▲2 (G) entgegen.

- ▲5 läuft von außen an, bekommt von ▲2 den Ball in die Laufbewegung gespielt (H) und wirft von außen auf das Tor (J).

Zusammenspiel:

- 1 und 2 sollen ihr Abwehrverhalten variieren (defensiv im Block stehen, oder aktiv dem Angreifer entgegentreten (D und G)).

- 6 und 2 sollen auf die Bewegungen von 1 und 2 reagieren und entweder über den defensiven Block werfen (C und F) oder den Ball weiterspielen bis zu 5 auf außen (H).

TE 6-6	Angriff / Team	20	85

Ablauf:

- 🔵1 stößt von außen dynamisch an und passt den Ball 🔵2 in die Stoßbewegung (A).

- 🔵2 stößt dynamisch Richtung Tor und passt den Ball nach rechts in die Laufbewegung von 🔵3 (B).

- 🔵3 stößt dynamisch nach rechts zwischen 🟢5 und 🟢6.

- 🔵5 kommt im Bogen von außen angelaufen, nimmt die Kreuzbewegung von 🔵3 an und bekommt den Ball gespielt (C).

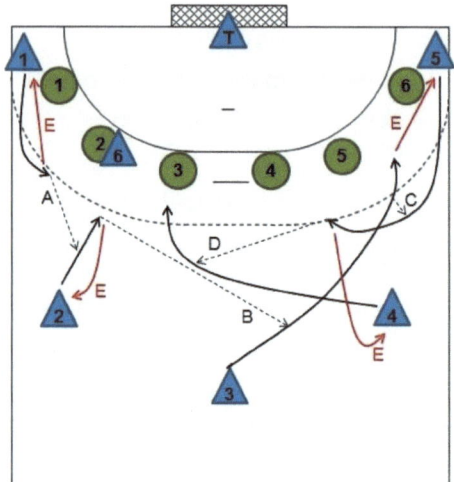

- 🔵5 zieht mit Ball Richtung Tor und passt den Ball 🔵4 in die Laufbewegung, der dynamisch deutlich nach links neben die 7-Meter-Linie läuft (D).

- Nach den ersten Aktionen ziehen sich die Spieler sofort wie abgebildet auf die Positionen zurück (E).

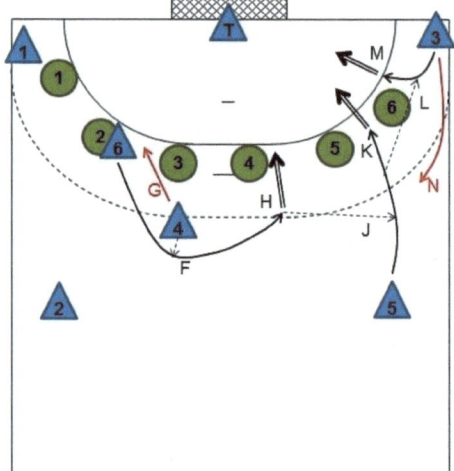

- 🔵6 kommt im Bogen aus dem Kreis gelaufen, nimmt die Kreuzbewegung von 🔵4 an und läuft dynamisch nach rechts

Richtung Tor (F). Bleibt 🟢4 defensiv, wirft 🔵6 aus dem Sprungwurf heraus (H).

- 🔵4 geht nach dem Pass an den Kreis und stellt sich innen zu 🟢2 in die Sperre (G).

- Verhindert ④ den Wurf, passt ⑥ den Ball in die Laufbewegung von ⑤ (J).

- ⑤ stößt dynamisch zwischen ⑤ und ⑥, mit dem Ziel, durchzubrechen (K).

- Schieben ⑤ und ⑥ die Lücke zu, sodass ein Durchbrechen nicht möglich ist, passt ⑤ den Ball nach außen zu ③ (L), der mit Wurf abschließt (M), oder wieder gegenstößt (N).

⚠ Jeder Spieler muss seine Stoßaktion so ausführen, dass er selbst gefährlich ist und zum Abschluss kommen könnte.

⚠ Beim Ablauf der Auftakthandlung von der anderen (linken) Seite macht es eventuell Sinn, während der normalen Passbewegung, ⑤ (wenn Linkshänder) und ⑥ zu tauschen (O), sodass ⑤ mit seinem linken Wurfarm nach der Kreuzbewegung Druck aufbauen kann (P).

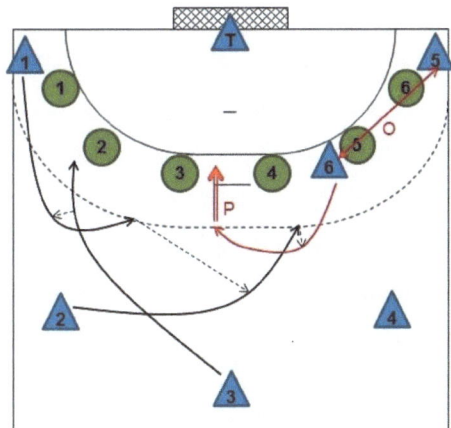

| TE 6-7 | Abschlusssprint | 5 | 90 |

Ablauf:

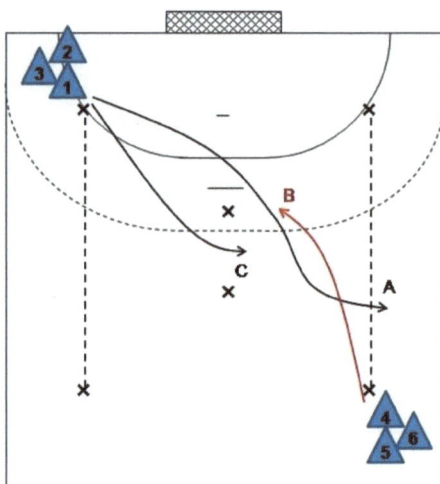

- ▲**1** startet auf Kommando und versucht, die gegenüberliegende Linie zu überlaufen, ohne von ▲**4** berührt zu werden (A).

- ▲**4** versucht, ▲**1** abzufangen und abzuschlagen (B).

- Schafft es ▲**1**, ohne Berührung über die Linie zu laufen, bekommt er einen Punkt. Berührt ihn ▲**4** vorher, bekommt ▲**4** einen Punkt.

- Danach startet ▲**2** mit dem gleichen Ablauf. Usw., bis alle Spieler der Mannschaft gelaufen sind. Danach erfolgt der Aufgabenwechsel.

- Welche Mannschaft macht mehr Punkte? Die Verlierermannschaft macht jeweils Liegestützen oder Sit-ups.

- Gelingt es ▲**1** mit einem „Umweg" durch das Hütchentor zu laufen und wird er dabei nicht berührt, bekommt er zwei Punkte (C).

- Welche Mannschaft macht in 1–2 Durchgängen die meisten Punkte?

5. Gutschein

Mit diesem Gutscheincode erhalten Sie auf www.handball-uebungen.de die Trainingseinheit „189 – Zusammenspiel im Rückraum mit zwei Kreisläufern gegen eine 6:0-Abwehr" kostenlos im Downloadbereich freigeschaltet. Geben Sie bitte bei der Registrierung den folgenden Code im Feld „Gutscheincode" ein:

Gutscheincode: HPS60

6. Über den Autor

JÖRG MADINGER, geboren 1970 in Heidelberg

Juli 2014 (Weiterbildung): 3-tägiger DHB Trainerworkshop
"Grundbausteine Torwartschule"
Referenten: Michael Neuhaus, Renate Schubert, Marco Stange, Norbert
Potthoff, Olaf Gritz, Andreas Thiel, Henning Fritz

Mai 2014 (Weiterbildung): 3-tägige DHTV/DHB Trainerfortbildung im
Rahmen des VELUX EHF FinalFour
Referenten: Jochen Beppler (DHB Trainer), Christian vom Dorff (DHB
Schiri), Mark Dragunski (Trainer TuSeM Essen), Klaus-Dieter Petersen
(DHB Trainer), Manolo Cadenas (Nationaltrainer Spanien)

Mai 2013 (Weiterbildung): 3-tägige DHTV/DHB Trainerfortbildung im Rahmen des VELUX EHF
FinalFour
Referenten: Prof. Dr. Carmen Borggrefe (Uni Stuttgart), Klaus-Dieter Petersen (DHB Trainer),
Dr. Georg Froese (Sportpsychologe), Jochen Beppler (DHB Stützpunkttrainer), Carsten Alisch
(Nachwuchstrainer Hockey)

seit Juli 2012: Inhaber der DHB A-Lizenz

seit Februar 2011: Vereinsschulungen, Coaching im Trainings- und Wettkampfbetrieb

November 2011: Gründung Handball Fachverlag (handall-uebungen.de, Handball Praxis und
Handball Praxis Spezial)

Mai 2009: Gründung der Handball-Plattform handball-uebungen.de

2008-2010: Jugendkoordinator und Jugendtrainer bei der SG Leutershausen

seit 2006: B-Lizenz Trainer

Anmerkung des Autors
1995 überredete mich ein Freund, mit ihm zusammen das Handballtraining einer männlichen D-
Jugend zu übernehmen.

Dies war der Beginn meiner Trainertätigkeit. Daraufhin fand ich Gefallen an den Aufgaben eines
Trainers und stellte stets hohe Anforderungen an die Art meiner Übungen. Bald reichte mir das
Standardrepertoire nicht mehr aus und ich begann, Übungen zu modifizieren und mir eigene
Übungen zu überlegen.

Heute trainiere ich mehrere Jugend- und Aktivmannschaften in einem breit gefächerten
Leistungsspektrum und richte meine Trainingseinheiten gezielt auf die jeweilige Mannschaft aus.

Seit einigen Jahren vertreibe ich die Übungen über meinen Onlineshop handball-uebungen.de. Da
die Tendenz im Handballtraining, vor allem im Jugendbereich, immer mehr in Richtung einer
allgemeinen sportlichen Ausbildung mit koordinativen Schwerpunkten geht, eignen sich viele Spiele
und Spielformen auch für andere Sportarten.

Lassen Sie sich inspirieren von den verschiedenen Spielideen und bringen Sie auch Ihre eigene
Kreativität und Erfahrung ein!

Ihr

Jörg Madinger

7. Weitere Fachbücher des Verlags DV Concept

Von A wie Aufwärmen bis Z wie Zielspiel – 75 Übungsformen für jedes Handballtraining

Ein abwechslungsreiches Training erhöht die Motivation und bietet immer wieder neue Anreize, bekannte Bewegungsabläufe zu verbessern und zu präzisieren. In diesem Buch finden Sie Übungen zu allen Bereichen des Handballtrainings vom Aufwärmen über Torhüter einwerfen bis hin zu gängigen Inhalten des Hauptteils und Spielen zum Abschluss, die Sie in ihrem täglichen Training mit Ihrer Handballmannschaft inspirieren sollen. Alle Übungen sind bebildert und in der Ausführung leicht verständlich beschrieben. Spezielle Hinweise erläutern, worauf Sie achten müssen.

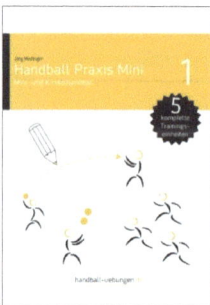

Mini- und Kinderhandball (5 Trainingseinheiten)

Mini- bzw. Kinderhandball unterscheidet sich grundlegend vom Training höherer Altersklassen und erst recht vom Handball in Leistungsbereichen. Bei diesem ersten Kontakt mit der Sportart „Handball" sollen die Kinder an den Umgang mit dem Ball herangeführt werden. Es soll der Spaß an der Bewegung, am Sport treiben, am Spiel miteinander und auch am Wettkampf gegeneinander vermittelt werden.

Das vorliegende Buch führt zunächst kurz in das Thema und die Besonderheiten des Mini- und Kinderhandballs ein und zeigt dabei an einigen Beispielübungen Möglichkeiten auf, das Training interessant und abwechslungsreich zu gestalten.

Passen und Fangen in der Bewegung - 60 Übungsformen für jedes Handballtraining

Passen und Fangen sind zwei Grundtechniken im Handball, die im Training permanent trainiert und verbessert werden müssen. Die vorliegenden 60 praktischen Übungen bieten viele Varianten, um das Passen und Fangen anspruchsvoll und abwechslungsreich zu trainieren. Ein besonderer Fokus liegt dabei darauf, die Sicherheit beim Passen und Fangen auch in der Bewegung mit hoher Dynamik zu verbessern. Deshalb werden die Übungen mit immer neuen Laufwegen und spielnahen Bewegungen gekoppelt.

Effektives Einwerfen der Torhüter - 60 Übungsformen für jedes Handballtraining

Das Einwerfen der Torhüter ist in nahezu jedem Training notwendiger Bestandteil. Die vorliegenden 60 Übungen zum Einwerfen bieten hier verschiedene Ideen, um das Einwerfen sowohl für Torhüter als auch für die Feldspieler anspruchsvoll und abwechslungsreich zu gestalten. Ein besonderer Fokus liegt dabei darauf, schon beim Einwerfen die Dynamik der Spieler zu verbessern.

handball-uebungen.de
Trainingseinheiten und Übungen für Ihr Training!

Wettkampfspiele für das tägliche Handballtraining - 60 Übungsformen für jede Altersstufe

Handball lebt von schnellen und richtig getroffenen Entscheidungen in jeder Spielsituation. Dies kann im Training spielerisch und abwechslungsreich durch handballnahe Spiele trainiert werden. Die vorliegenden 60 Übungsformen sind in sieben Kategorien unterteilt und schulen die Spielfähigkeit.

Folgende Kategorie beinhaltet das Buch: Parteiball-Varianten, Mannschaftsspiele auf verschiedene Ziele, Fangspiele, Sprint- und Staffelspiele, Wurf- und Balltransportspiele, Sportartübergreifende Spiele, Komplexe Spielformen für das Abschlussspiel.

Abwechslungsreiches Wurftraining im Handball - 60 Übungsformen für jede Altersstufe

Der Wurf ist ein zentraler Baustein des Handballspiels, der durch regelmäßiges Training immer wieder erprobt und verbessert werden muss. Deshalb ist es immer wieder sinnvoll, Wurfserien im Training durchzuführen. Die vorliegende Übungssammlung bietet 60 verständliche, leicht nachzuvollziehende praktische Übungen zu diesem Thema, die in jedes Training integriert werden können.

Die Übungen sind in sechs Kategorien und drei Schwierigkeitsstufen unterteilt: Technik, Wurfübungen auf feste Ziele, Wurfserien mit Torwurf, Positionsspezifisches Wurftraining, Komplexe Wurfserien, Wurfwettkämpfe.

Taschenbücher aus der Reihe Handball Praxis

Handball Praxis 1 – Handballspezifische Ausdauer

Handball Praxis 2 – Grundbewegungen in der Abwehr

Handball Praxis 3 – Erarbeiten von Auslösehandlungen und Weiterspielmöglichkeiten

Handball Praxis 4 – Intensives Abwehrtraining im Handball

Handball Praxis 5 – Abwehrsysteme erfolgreich überwinden

Handball Praxis 6 – Grundlagentraining für E- und D- Jugendliche

Handball Praxis 7 – Handballspezifisches Ausdauertraining im Stadion und in der Halle

Handball Praxis 8 – Spielfähigkeit durch Training der Handlungsschnelligkeit

Handball Praxis 9 – Grundlagentraining im Angriff für die Altersstufe 9-12 Jahre

Handball Praxis Spezial 1 – Schritt für Schritt zur 3-2-1 Abwehr

Handball Praxis Spezial 2 – Schritt für Schritt zum erfolgreichen Angriffskonzept gegen eine 6-0 Abwehr

Weitere Handball Fachbücher und eBooks unter: www.handball-uebungen.de